活力を生む経営60のヒント

経営改善の勘どころ

志村和次郎 著

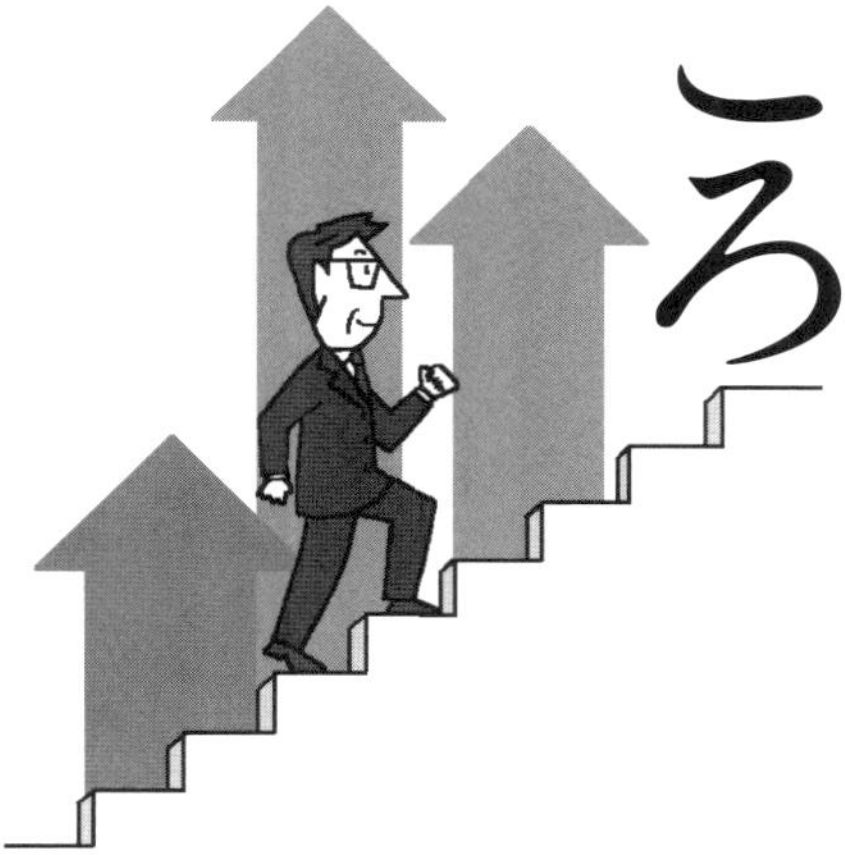

TKC出版

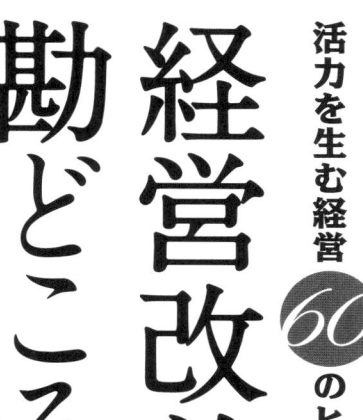

まえがき

いつの時代にも、事業を起こし、一つの企業体として名をなし、順調に成長させるのは並大抵のことではない。念願かなって起業しても、経営という道には数多くの難題と落し穴が待ちうけている。成功企業の事例を見ると、常に経営改善を怠らず、新たな着想をもとに顧客創造を行ったり、独自の技術、ノウハウを有したイノベーション企業が多い。またインターネットなど新しいインフラを活用してＩＣＴ(情報通信技術)を駆使し、新たなビジネスモデルの構築に成功した企業が目立つ。

その成功のキーファクターになったのは、モノづくり企業の持っている優れた技術を、独特のマーケティングの展開で収益事業に育て、もてる技術を市場のニーズへあわせて作り込んで、販路を開拓したことにある。そしてヒト、モノ、カネを、ＩＣＴを核（コア）にして、経営資源を補完し、パフォーマンスを追求したことにある。

本書では、経営改善にあたって、何から着手し、新たな成長シナリオをどう作ったらよいか、その筋道を探求する。つまり、この事業をやり遂げようと思っても、そのアイディアを具体的に、現実的に、本当に達成可能なのかどうかを表現する必要がある。思いついたアイディアや戦略・施策を数字で裏付けることによって、経営改善計画に自信を持ち、客観的に実現可能にするためである。

そして実現可能な経営計画・改善計画か否かは、ビジネスモデルをいかに具体的なアクションプランにまで展開できるかにかかっている。そのためにはビジネスモデルに加え、事前にソリューション（課題解決）、現場改善型の計画策定の準備が必要だ。いきなり経営計画・改善計画を立ててもうまくいくはずがない。ソリューションと表裏一体で、進める必要がある。問題把握から課題を設定し、それに対する改善アクションを実行することによって初めて達成される。

このように本書『経営改善の勘どころ』では、売上増の決め手であるマーケティング戦略、及びコスト低減で競争力のあるプロダクション、そして人づくりがキーワードになった。いかに事業コンセプトや製品力があっても、行動を起こし、結果を出すのは「人」であるから、その組織力を高めるマネジメント力によって差がでるわけである。つまり、変化に挑戦する組織、集団を作ることがトップを含むマネジメントチームにすべてかかっているといっても過言ではない。

グローバル化とIoT、AIが進行する中で、経営意思決定、計画策定、改善実行、アクションプランなどマネジメントに役立つテーマを選定した。そして経営計画、経営戦略、マネジメント、マーケティング、プロダクション、人的資源管理の6分野に区分し60項目のヒント集にまとめた。起業間もない企業、ベンチャー企業には欠点があり、経営資源が十分でないのはあたりまえである。要は段階的にマネジメント力をつけることと、経営戦略の具体化であるビジネスモデルの実行、つまり、スピードあるアクションプランの実行にかかっていると言える。

なお平成29年5月から、「早期経営改善計画」の策定支援が中小企業庁の後押しで、始まった。中小企業が税理士らの支援を受けて、今後の資金繰りや損益の計画、ビジネスモデルを書面化し、経営改善支援センターに提出する制度で、その計画づくりの費用を国が3分の2（上限20万円）補助する制度である。いわば「企業が重病になる前に気づく健康診断」と位置付けられている。

本書が、「早期経営改善計画」を策定する中小企業経営者に改善のヒントを提供し、税理士・中小企業診断士などの支援者、また中堅企業や起業志望者など広範な方々の必読の書となれば幸甚である。

平成29年11月

志村和次郎

活力を生む経営60のヒント
経営改善の勘どころ◎目次

第2章 新たな経営戦略の立案

第3章 効果的なマネジメント

第4章　競争優位のマーケティング

第5章 プロダクションとリーンスタートアップ

第6章 組織能力を高める人的資源管理

第1章

経営計画・改善計画の策定

1 戦略と連動した経営計画を策定する

企業は通常、事業戦略を出発点に企業目標を決め、その目標に基づいて経営計画を策定する。つまり、最初は戦略がリード役になって事業や製品の市場浸透策が構想として練られ、商品戦略、マーケティング戦略というかたちで個別戦略を立案し、具体化して、戦術にまで落とし込み、経営計画に反映させる。

戦略（ストラテジー）とは、使い古された言葉で、決して新しいものではない。軍隊が大局的、長期的に戦局を見て、大が小を制するがごとく、大局から圧倒する戦法のことをいう。一方、戦術（タクティクス）とは、個々の戦闘の場面で小が大を制するがごとく、直面する敵に局地戦で勝つ施策である。

中小企業は大企業と異なり、地域限定戦略、局地戦といった戦術を得意とするが、必ずしも大企業の真似をせず、すき間戦略を取ることも生き残る戦法である。しかし一般的には、事業戦略は業界全体を大局的に見て、３か年程度を見通し、現在の経営諸条件の改善を意識して立案する必要がある。

それに、従来の戦略立案は過去の実績や経験を中心に立案されてきたが、これからは単にデータを集めただけの情報や体験は役に立たなくなった。前提条件が前触れなく変わるからである。そのため、企業が目指すもの、達成したい目標も変わってくる。せっかく立案した計画を「絵にかいた餅」にしたくないなら、単に目標だけ掲げるだけではダメで、手段と方法をセットにする必要がある。現状分析の上、課題を見極め、改善と対策が並行した戦略を明確にすることである。

また事業戦略と経営目標はイコールではない。例えば、経営目標を「利益」に置いたとすると、その利益は株主、経営者、従業員、地域社会など、利害関係者（ステークホルダー）の満足を最低限満たすものになるので、どこにウェイトを置くかで戦略も変わってくる。

一方、事業戦略は、企業環境、競争状況、経営資源を考えて立案するため、必ずしも経営目標と一致し、実現可能であるとは限らない。そのため、この両者を調整し、最終的にこれらを連動させ、数値目標に落とし込んで、経営計画を策定するのである。

さて、こういうビジネスを自分でやってみたいと思っていても、いざ実際に起業となると大変なことである。「本当にこの商品は売れるだろうか」「ライバルがすぐ現れないか」「軌道に乗るまで資金はもつだろうか」「従業員は自分についてきてくれるだろうか」など、考えれば考えるほど難問山積で、途中であきらめたくなるのが普通である。

経営計画は経営者の自信と信念の源泉

それでは「この事業をやり遂げよう」という信念はどうしたら生まれるのだろうか？

それが経営計画を作成する目的なのである。計画を作ることで自信が生まれるのである。

経営計画書とは、単に投資家など外部に対する説明資料ではない。経営者（起業家）自身のその事業に対する情熱の塊であり、経営意思の表示である。したがって本当に自分たちの夢を実現するものになるまで、何回でもやり直して、ビジネスコンセプトとビジネスモデル（儲ける仕組み）を納得いくまで練り上げることが大切である。

経営者の情熱の伝わらない経営計画は説得力がない。

専門家から見ると、事業成功のキーはマネジメント力で決まる。「なんとしても成功させよう」という熱意、経営センス、計数感覚などが、見事に経営計画に表現されるからである。そして経営計画はビジネスを成功させるための計画でなければならない。例えるならば航海に出る前に、地図や羅針盤を用意するようなものである。

この事業をやり遂げようと思っても、そのアイディアを具体的で現実的に、本当に達成可能なのかどうかを表現する必要がある。モノづくり企業であれば、優れた技術を、どのように収益事業に育てるか、持てる技術を市場のニーズへあわせて作り込んで行く過程の、客観的な評価はできているか、事業化に落とし込んでいくプロセスを、損益計画と並行して設備投資など資金計画も並行して表現する。思いつき・ひらめき・アイディアが数字で裏付けられることによって、経営計画の客観的な実現性を高め、自信を持てるようになる。

2 経営計画で経営目標を数値化する

経営計画とは、本来どのようなものだろうか。起業や新事業の立ち上げに欠かせない計画全般のことをいうが、その体系と構成については、「これでなくてはいけない」といった決まった形式はない。

経営計画書の体系と構成

図1は、経営計画の体系を、ビジネスの前提要件（仮説）であるビジネスモデルと、そのモデルを受けて数値目標化するアクションプランの2つに大きく分けている。

この2つを分ける利点は、「どのようなビジネスを行うか」ということと、「それでどれだけの業績を上げることができるか」を、戦略と計画を連動して策定することである。

ビジネスモデルは売上、利益を上げる「仕組み」であり、そこに経営資源をどのように投入し、また組み合わせていくかをまとめるものであるが、一方のアクションプランはそれをもとにした具体的な個別計画を策定し、数値目標化したものである。

思いつき、アイディアをいかに実行可能な経営計画に昇華させるか、経営計画書を作成する上で、不可欠なものが数字である。「数字」はビジネスの世界の共通語であり、ごまかしの効かないものである。例えば「全く新しい商品だから予測がつかない」「爆発的に売れることは間違いない」と信じても、その根拠となる数字を具体的に表現できなければ誰も信じない。マーケティング数値、市場データは経営計画を作成する上で根幹をなすものだからである。次に、持てる経営資源にも限界があるわけだから、どのくらいの規模の会社が可能なのか、想定したビジネスモデルから数値で裏付ける必要がある。

このように、ビジネスモデルと経営計画を連動させて考えることで、問題点を整理しやすくなるとともに、その相互関連を押さえることによって計画を修正しやすくなり、より実現可能な経営計画を策定することができる。

図1　経営計画策定のスキーム

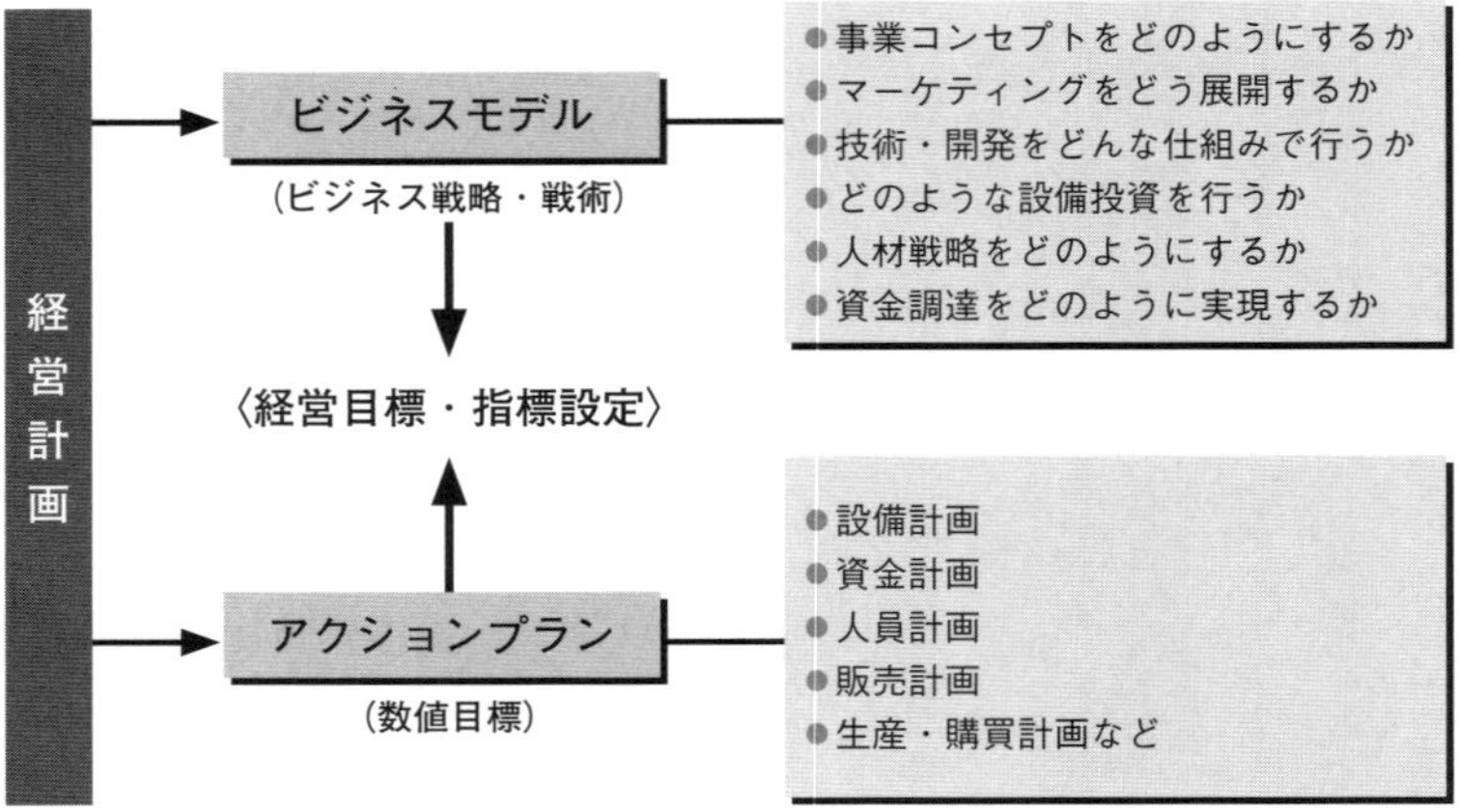

3 新規事業の成功条件をチェックする

創業、起業に成功しても、成長し、持続しなければ企業とはいえない。商品や技術、サービスで永遠に続くものは皆無である。現在の製品やサービス、技術力、市場の優位性に甘んじないで、常に新しい技術の蓄積と新製品開発に着手し、高付加価値の物づくり、新市場の開拓などに挑戦しながら、衣替えを行っていくことが必要である。

事業がどの段階にあるか見極める

そのためには企業が展開する複数の事業について、次のどの段階にあるかを見極めることが戦略上、欠かせない。

①伸長・育成すべき段階にあるのか？
②現状を維持・継続する段階にあるのか？
③事業への投資を抑えて収益を回収・収穫する段階にあるのか？
④撤退する段階にあるのか？

したがって、新規事業に取り組むのは何のためかを明確にすることである。衰退しつつある本業を補うためか、本業の周辺を強化するためか、新しい事業の種を発見するためか、などによって方法やゴールの時期も変わってくる。

単に流行だからとか、競合他社もやっているからといった程度の強い必然性がない場合は、新規事業はうまくいかない。何のための新規事業か、その目的に合致していることが第一のポイントである。そして、組み合わせ（ポートフォリオ）分析を行った上で、短期間に「選択と集中」の意思決定をし、限られた資源を最大限に無駄なく投下することがポイントである。

新規ビジネス成功の4条件

さて、次に成功事例からみた新規ビジネスの留意点を挙げてみよう。

①自社経営資源を集中、調達できること

新規分野進出や新製品開発は、技術開発とマーケティングとを融合化、同期化することが重要である。また営業部門など関連する他の事業部門と連携は可能か、チーム力を発揮できるかが重要である。

②自社技術で差別化が可能であり、進出するマーケットが成長段階にあること

顧客志向に合致し需要創造が可能であり、自社シーズ（自社技術）を組み合わせ、十分市場差別化が期待できるかがポイントとなる。

③事業化のビジネスモデルを構築できること

新製品が完成しても、新事業を立ち上げるにはどのように売るか、市場進出の方法、販売方法のノウハウがなければ売れない。既存ルートでの競合に勝てるか、ネット上で勝てるビジジネスか、販売経路にしてもマチマチである。

④トップがリーダーシップを発揮できること

企業トップや新事業担当責任者にベンチャー・スピリットが必要である。目標に向かって果敢にハイリスク、ハイリターンに挑戦するパワーが欠かせない。組織行動力の原点にあるのはモチベーションの高いメンバーの結束である。スピードと実行力（目標達成のためのエンジン）がそのパワーである。

以上４つポイントを挙げたが、キーワードになるのはやはり人材である。新事業マネジャーのリーダーシップのもとで営業、生産、技術がそろって現場主義で一体化し、新事業のビジョン・シナリオを共有することから始まる。つまり燃える「炎の集団」組織づくりである。

4 成長ステージに合わせて経営計画を策定する

前述したように、起業家、経営者にとって将来の事業成功のロードマップを描き、目標に向かってリスクを恐れず、市場に向かって、挑戦していく積極性がなにより大切である。経営者自ら企業家精神をもって、リーダーシップを発揮し、難事に打ち勝って挑戦的な企業風土を創ることが、成功する起業、失敗しない経営の第一の要諦だからである。

このことはかつては中小企業であったソニーやホンダ、京セラなどといった今は大企業の成功事例がよいモデルである。新しいテクノロジーやアイディアに加え、先見性のあるマーケティング力、バイタリティーをもって新分野を切り開いていくスピードのある実行力である。

経営計画書作成の目的もこの企業のライフステージに応じて重点ポイントが異なる。創業・新事業立上げ期、揺籃期・初期成長期、拡大・成長期、安定成長・成熟期の各成長段階に合わせた、図❷のようにステージ別に、経営計画・改善計画の重点課題と施策が必要である。

独創性のある先端技術であっても、寿命が短く、真似をされて短期間でライバルが登場する例が多い。最短期間で、いかに売上の伸び率を高くし、競争に耐えられるシェアを確

図2　成長ステージ別の経営計画・改善計画

（成長ステージ）｜（重点課題と施策）

創業・新事業立上げ期

- 事業アイディア、技術評価
- 事業コンセプトのまとめと製品化準備
- 出資者、協力者への説明
- 公共団体の補助金や制度融資
- 企業育成ファンド、助成機関の活用

↓

揺籃期・初期成長期

- ビジネスマッチングと販路開拓
- Webによる販路開拓とeコマース
- 海外展開、仕入先の開拓
- 産官学の技術関連の連携
- 取引金融機関の拡充

↓

拡大・成長期

- 事業の見直しと改善計画策定
- 設備投資計画の設定
- 増資計画と資金調達
- 取引先の拡大
- 人員補充と採用計画

↓

安定成長・成熟期

- 経営戦略・経営改善計画の開示
- 株主配当、優遇策
- 中期計画、業績予測、IR
- 人事諸制度の見直し
- 新規事業計画の策定

保するかが重要である。また、人材や資金など経営資源は限られているので、試行錯誤をしている余裕もない。最短コースで所期の目標を達成する必要がある。

しかも起業家にとっては、仮に短期間といえども、安定成長期に入る前の創業期、急成長期のステージで、いかに事業を成長の波に乗せていくかが最も大きなテーマである。

経営計画をライフステージに応じて策定し、その時点の事業環境を的確に捉え、どのような経営課題に直面しているかを知り、成長路線を確認することが必要である。

また中期計画策定にあたっても、成長ステージごとの戦略の修正・変更をともなう数値目標策定が重要になる。

5 問題解決型経営計画・改善計画を策定する

ソリューションと並行した経営計画・改善計画を策定する

実現可能な経営計画・改善計画か否かは、ビジネスモデルをいかに具体的なアクションプランまで展開できるかにかかっている。計画しても達成できそうもない、内容に不安があるが、数値計画だけは立案しよう。などといった義務感で、計画を立てていないだろうか。こうした問題を解決するためにはビジネスモデルに加え、事前にソリューション（課題解決）、現場改善型の計画策定の準備が必要だ。いきなり経営計画・改善計画を立ててもうまくいくはずがない。ソリューションと一体で、並行して進めることが肝要である。

ソリューション（Solution）とは経営課題の解決、問題解決を図るためのシステム構築、運営の方法のこと、経営全体をさす場合と、情報システムに限定する場合がある。もともとは「問題解決」「問題解決法」を意味する言葉で、メーカーなどの姿勢やコンセプトを表す言葉として使われる。

ソリューションはこうしたいという期待値と、しかし「現状はこうである」という現状のギャップを明確にし、期待値をどう実現するかという解決策を見つけることである。

つまりソリューションは問題把握から課題を設定し、それに対する改善アクションを実行することによって初めて達成される。したがって課題設定と改善アクションは表裏一体である。

経営計画・改善計画策定の5ステップ

次の5つのステップで進めることが肝要である。

①経営ビジョンを設定し、めざすべき方向を明確に示す。

トップが過去の実績を振り返り、次に戦略的に事業分野を選択し、何を重要し、集中すべきか、経営ビジョンを明確にすることである。売上目標、利益目標の明示だけでは不十分で、ビジョンを実現可能な目標に落とし込むには明確な手段、方法を踏まえた行動方針まで踏み込むことが望ましい。

経営ビジョンとは「3年以内に会社はこうしたい」「本年度は少なくとも3％シェアを高めたい」といった具体的な明確な目標イメージと、それに加えてどのような戦略投資と行動が必要かを合体したようなものである。

②5W1Hで事業コンセプトを明確にする

起業時や新規分野進出など、アイディア段階から具体的な商品・サービスの絞込みを経て、事業コンセプトをまとめる。

そのために、自社のコア・コンピタンス（＝事業の核となるもの）に焦点をあて、図3

のように5W1Hの方式を利用して事業コンセプトを絞り込んでいく。

市場・顧客に提供する価値・提供方法を明確にする

事業領域（ドメイン）としてこれから始めようとするビジネスが何なのか、明確に誰でもわかる言葉で決定する。活動領域が決まれば、その領域で勝負する商品等のコンセプトの立案である。具体的には、次の①から③を明確にすることである。

①対象となる市場と顧客は誰なのか？
②その顧客に対して、どのような便益、価値を提供できるか？
③どのような方法、ルートで供給するか？

まず顧客をイメージしながら製品コンセプトを定め、製品スペック、客数、価格目標を設定し、売上高、利益を想定するという流れになる。もちろん競合ライバルを意識して、冷静に立案、判断する。

図3　事業コンセプトをまとめるポイント

Who?	誰が、どのような人材が事業にあたるか？
What?	どのような製品・サービスを提供するのか？
Where & Whom?	どの市場で、誰に対し提供するのか？
How?	ビジネスの仕組みとして、いかなる方法で展開し、売上・利益は確保できるか？
Why?	なぜこの事業が成立し、将来にわたって成長できるのか？
When?	事業参入のタイミングはどうか？　今後の成長は可能か？

このように5W1Hの手法で、対象とする顧客に対する訴求価値の大きさを売上や利益など、数値目標に連動させるわけである。

③自社の現状分析から解決すべき課題を抽出する

外部環境情報である市場、顧客の需要動向、競合企業の動向などをしっかり把握し、自社の伸長に比較した他社の伸び、そして市場シェアなど徹底的に問題点を洗い出す。特に現場改善主義で、第一線の営業マンの意見を聞き、長所、弱点を分析することがポイントである。自社製品の場合は改良点、コストが問題になる。

④ビジョン実現のための事業戦略を練る

①のビジョンを受けて、実現可能な計画策定する上で、少なくとも次の5つの個別の戦略をセットしなければならない。

(1)市場戦略（新市場、既存市場、競合対策他）
(2)製品戦略（新製品投入・新改良戦略、技術・業務提携戦略他）
(3)設備戦略（新設、外注、海外生産・生産提携、リース他）
(4)組織戦略（新規採用、派遣社員、アウトソーシング他）
(5)財務戦略（増資、社債発行、ストックオプション、株式公開他）

ビジョン→事業コンセプト→目標売上・利益→戦略設定が実現可能な経営計画・改善計画の裏付けになる。

⑤全体計画を受け、各部門計画、個別計画に展開する

全体計画を具体的に個別計画に落とし込み、事業部や営業部門など直接部門だけでなく、開発、生産、購買、販売、人事、財務といった各部門の計画、予算へと展開する。どれだけの資金を投下、予算をかけ、どれだけの人材を充てるかといった具体的な展開が必要になる。

以上5つのステップを述べたが、中堅規模に達した企業では、成功に導くために、目標と現状とのギャップを徹底的に洗い出し、問題解決型の社内体制を整備する必要がある。

まず社長、幹部が先頭に立って、④の戦略立案にあたり、優先課題ごとに現場参画型のテーマを設定することである。

次に社内各部署へおろし、現場主義に基づき組織をあげてのギャップ対策の意見を集約する。これにより、社内のコミュニケーションと問題意識が高まり、予算編成もスムーズに進行する。その調整作業のため、組織内に外部情報、内部情報の両面から問題点を集約する責任部署が必要になる場合もある。あるいは臨時のプロジェクトチームも考えられる。これにより、社内の「しがらみ」も除去され、各部門が参画する問題解決型の策定作業が進むだろう。いままでの一方的な計画策定や予算作成ではなく、実現可能な経営計画、経営改善計画の立案、実効性のあるアクションプラン（行動計画）、予算編成はそれほど難しいことではなくなる。

6 専門家の支援を受け、「事業性評価」に対応する

現在、収益環境が厳しくなっている地方銀行では、顧客企業に対しても単純な資金提供からソリューション（問題解決策）の提供に軸足を移すことが課題になっている。

従来の金融機関のスタンスとしては、借入の申込を受けた時には、決算書の内容や保証・担保の有無をもとに判断することが一般的であった。

ところが、そうした手法による融資では、成長力はあるものの、決算書の内容があまりよくない企業の場合、事業に必要な資金が調達できないことになる。

そのような、成長力のある企業や、有望な事業計画を有する企業が資金的な制約のために事業を計画的に遂行できず、成長できないとなると、地域経済、雇用促進にとってもマイナスである。

そうしたことから、「日本産業再興プラン」（平成26年6月24日に閣議決定した「日本再興戦略」の改定の三つのアクションプランの一つ）の具体策の一つとして、「地域金融機関等による事業性を評価する融資の促進等」が盛り込まれた。

国として、事業性を評価した融資が行われるように促進していくという方針が出されたのである。

「事業性評価」とは、財務データや担保・保証に必要以上に依存することなく、取引先企業の事業内容や有望さ、成長可能性などを適切に評価して行う融資のことである。

これを受けて、金融庁の方針の中で、「金融機関は、財務データや担保・保証に必要以上に依存することなく、借り手企業の事業の内容や成長可能性などを適切に評価し（「事業性評価」）、融資や助言を行い、企業や産業の成長を支援していくことが求められる」と明記された。

これにより、金融機関は、職員の人材育成、発掘により、顧客企業に対する経営診断、コンサルティング能力の一層の向上が求められている。また金融庁の「モニタリング基本方針」にも明記され、金融庁はコンサルティング機能を以下の3つに分類している。（金融庁ホームページ参照）

①日常業務や貸付条件の変更時に企業の経営課題を把握する
②具体的なソリューション（解決策）を提案し、経営改善計画の策定を支援する
③継続的なモニタリングや経営相談を通じて企業自身の主体的な取組みを後押しする

つまり、これからは結果としての財務面の指摘だけではなく、原因としての事業面を正確に捉えた上で企業の方向性を示し、サポートしていくことが、金融機関の課題としたわけである。

以上、金融機関が事業性評価を行う必要性と背景を述べたが、もう一つ重要なのが税理

士・会計士など外部専門家との連携である。つまり企業と専門家、金融機関の三者連携が効果的である。

事業性評価の前提になるのは、企業の実態を正しく反映した会計帳簿と月次決算書である。

これにより、企業の変調にいち早く気がつくし、対策を行動に移すのも早くなる。また、経営者にとって、いかに早く正確な月次データを入手できるかは、最も大切であり、税理士など専門家を選択する際、留意すべきだろう。

このように、企業と専門家、金融機関の三者連携を密にして早期改善と支援に着手できれば、改善効果は一段と高まるだろう。

そのためにも、次項で述べる「早期経営改善計画」で経営改善計画に取り組むのが手っ取り早く、好機といえよう。

そして、企業側にも事業性評価に対する適切な対応が求められている。ヒト・モノ・カネ、情報の経営資源を棚卸しして、次の3点に整理することが必要である。

①経営者の経営能力や経営理念、経営ビジョン

②決算書には表れない企業の強み（知的所有権、優秀な人材・ノウハウ・技術・販売先・優良な仕入先・業務ノウハウなど）

③今後の事業展開（新規事業を含む）の計画

経営計画・改善計画に盛り込むのは、右記①～③を正確に確認し、過去、現在、そして将来の見通しまで捉えてこそ、初めて企業の方向性が確認できる。まさに、これが、金融庁の言う中長期的な視点を持った「事業性評価」であり、企業もそれに対応した経営計画の作成が望まれる。

7 「早期経営改善計画策定支援」制度を活用する

創業・起業に始まり、いかに事業を成長の波に乗せていくか、企業はこの成長ステージごとに健康診断し、事業環境を的確に捉えて事業計画を作成することが望ましい。

その意味で、中小企業庁の肝いりで平成29年5月から始まった「早期経営改善計画」の制度は朗報といえる。もともと資金繰り管理や採算管理などは経営者の固有の業務であるが、図4のように、税理士など外部の認定支援機関の力を借りて経営改善計画を作成できること、また取引金融機関との事前相談のきっかけを得られることなどメリットも大きい。

図4

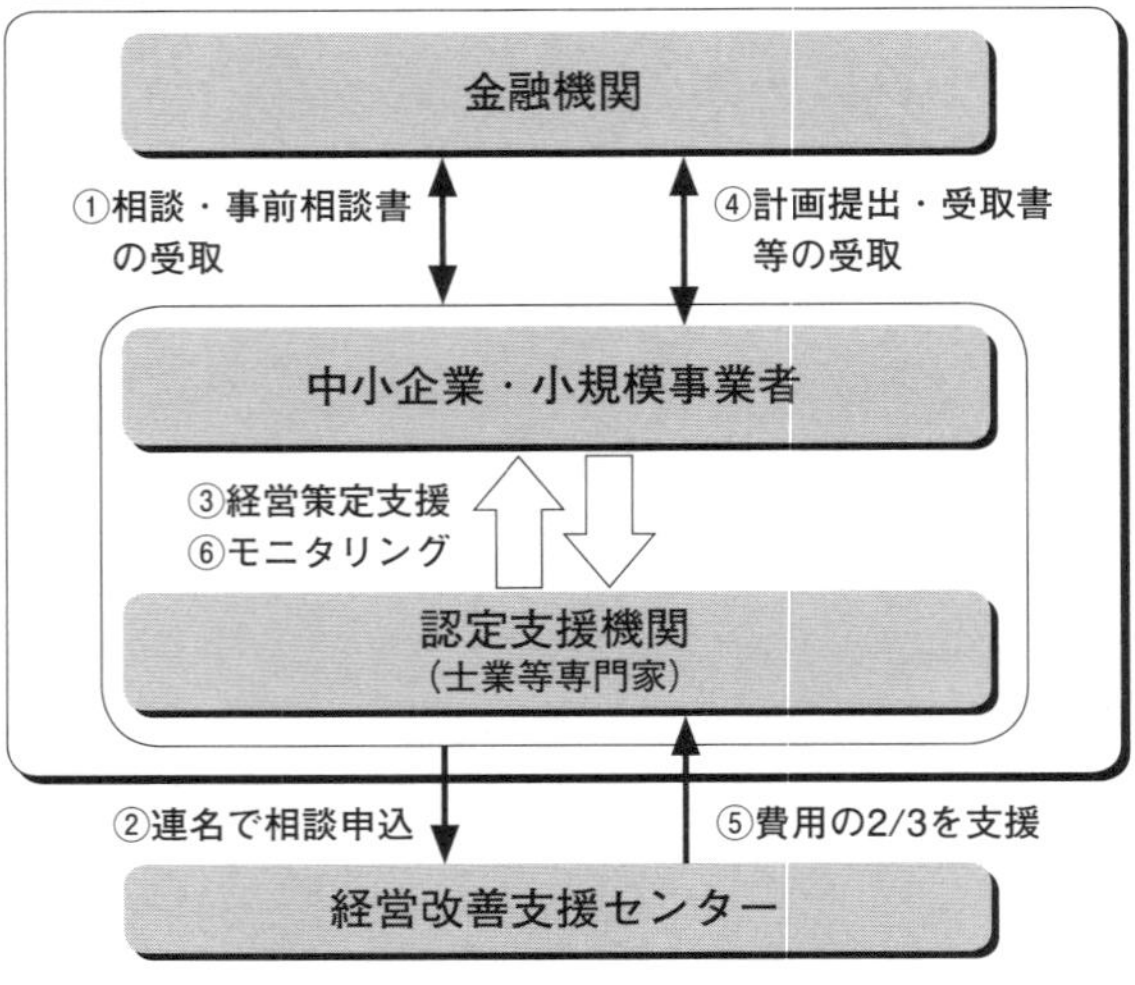

認定支援機関（税理士等）の支援を受けて経営改善計画を策定する

この制度の正式な名称は、「認定支援機関による経営改善計画策定支援事業」といい、中小企業・小規模事業者の経営改善への意識を高め、早期からの対応を促すため、認定支援機関（税理士等）による経営改善計画策定支援事業のスキームを活用し、中小企業・小規模事業者が基本的な内容の経営改善（早期経営改善計画の策定）に取り組むことを奨励する制度である。中小企業が平常時から資金繰り管理や採算管理が行えるように支援することがねらいと思われる。

国が、税理士など認定支援機関が作成を支援する外部専門家が策定する早期改善計画等にかかる費用を補助し、企業の負担は3分の1（上限20万円）とされている。（各県の経営改善支援センターが窓口）。

なお情報処理サービス大手のＴＫＣとＴＫＣ全国会に加盟するＴＫＣ会員（税理士・公認会計士）は、この「早期経営改善計画策定支援制度」の活用による中小企業の経営支援に積極的に取り組み、簡易な経営改善計画書の作成・提出を支援している。

計画づくりを通じて中小企業の経営安定や将来の円滑な事業承継等につなげる考えである。

自社の経営課題に気付き、金融機関とよい関係を築く

早期経営改善計画を策定するメリットとして次の5点が上げられる。

①自社の経営全体を見直すことで、問題が生じる前に経営課題の発見や分析ができる。
②資金繰りの把握が容易になる。
③事業の将来像、ビジネスモデルが明確になる。
④外部スタッフ、金融機関と良好な関係ができる。
⑤会社の代替わりや譲受などといった事業承継対策のプラスとなる。

要は、中小企業経営者が成果を期待して、いかにアクションを早く起こすかが重要であり、それが最良の処方箋となる。

そしてそのための現状分析のツールとして、ローカルベンチマークが有効である。

「ローカルベンチマーク」とは

ローカルベンチマークは、経済産業省が平成28年に発表した企業の経営状態の把握、いわゆる「健康診断」を行うツール（道具）として、企業の経営者等や金融機関・認定支援機関等が、企業の状態を把握し、双方が同じ目線で対話を行うための基本的な枠組みであり、事業性評価の「入口」として活用されることが期待されている。

具体的には、「参考ツール」を活用して、「財務情報」（6つの指標）と「非財務情報」（4つの視点）に関する各データを入力することにより、企業の経営状態を把握し、経営状態の変化に早めに気付き、早期の対話や支援につなげていくものである。

6つの指標：①売上高増加率（売上持続性）、②営業利益率（収益性）、③労働生産性（生産性）、④ＥＢＩＴＤＡ有利子負債倍率（健全性）、⑤営業運転資本回転期間（効率性）、⑥自己資本比率（安全性）。

4つの視点：①経営者への着目、②関係者への着目、③事業への着目、④内部管理体制への着目

なお非財務情報のヒヤリングシートは、「経営者」「関係者」「事業」「内部管理体制」の4項目に着目して分析するものである（詳細は経済産業ホームページを参照）

前述のＴＫＣ会員会計事務所では、顧客企業への毎月の月次訪問（巡回監査）を行い、これに基づく決算データからローカルベンチマークの「財務情報」（6つの指標）を自動作成し、同業種の平均データ（「ＴＫＣ経営指標」）との比較も自動表示するサービスを行っている。なお非財務情報の分析については、本書の60項目のヒントが参考になるだろう。

第2章

新たな経営戦略の立案

8 IoTのもたらす変化を予測して先手を打つ

インターネットにつながるモノが今、着実に増えている。それはIoT(Internet of Things)「モノのインターネット」のことである。コンピュータなどの情報・通信機器だけでなく、世の中に存在するさまざまな物体（モノ）に通信機能を持たせ、インターネットに接続し、相互に通信しあうことにより、自動認識や自動制御、遠隔計測などを行うことが可能になった。製造、小売・流通・家電・自動車・医療業界などのさまざまなモノがセンサー、無線LANなどによってインターネットに接続し、識別、分析したり、位置を特定したり、コントロールすることができる。

こうしたテクノロジーの進化によって、業界の垣根を越えた新しいビジネスが生まれるとともに、業界によっては劇的な変化が起きようとしている。商品の故障、クレームを直接、機器（ハード）から知ることができるし、ビックデータの分析により消費者ニーズをキャッチし、開発・生産・販売に役立てることができる。

リアルタイムの製造・販売・配送が可能になる。例えば流通・物流（ロジスティクス）の分野ではRFID(非接触型タグ）による製品1個単位で管理する「単品管理」が可能になった。いわゆる「おサイフケータイ」と同じで、非接触で読み書きするGSIという標準コードによって、レジや改札口を通った瞬間に、非接触でかつ情報の書き換えが行われる。これもIoTのひとつなのである。

そしてサプライチェーンマネジメント（SCM）により、顧客の注文ごとに製造→配送→販売が確実にリアルタイムでできるようになる。これまでは、顧客が買ってくれる商品の数を予想して、数週間から数か月前から原料調達・製造を始めてきた。それがIoT時代には、これらの流れが、お客様のオーダーごとに即座に対応できるようになる。

IoTの普及によって、顧客の欲しいモノも、今ある店頭や倉庫、トラックの荷台にあるモノも、リアルタイムでわかるようになる。したがって余計な在庫やムダな配送がなくなり、その結果、商品の価格を下げることも可能になる。

まだまだ、先のことと考えていたIoTは流通・物流業界を大きく変貌させる起爆剤になってきたといえよう。一方で、ICT(情報通信技術）は、レジ端末、PC、スマートフォンなどからの情報データが、クラウドコンピューティングによって処理され、さらにビックデータとなった情報がリアルタイム処理され、予測分析、高い信頼性と拡張性など、IoTに求められる機能とインフラを提供する。

さらにIoTがもたらす影響は消費者向け市場だけでなく、むしろ産業向け市場で顕在化する。単純に製品を顧客に納入するだけでなく、機器の製造、アフターサービスまで請け負うサービス業のような存在なるだろう。IoT導入でメンテナンスコストや設備投資額を抑制できれば、それはそのまま企業の利益増大につながる。

ＩＣＴ（情報通信技術）からＩｏＴへの流れを理解し連携戦略を練る

しかし、一般の中小企業が単独でＩｏＴを進めるには限界がある。実際は何から手をつけるべきかわからないとか、収集した機器のＩｏＴ情報をどう活用すべきかわからないといった戸惑いがある。

今、対応すべきなのはＩｏＴにできるだけ遅れずに着手し、先手をうつことが大事である。例えば現実にはＲＦＩＤ（非接触型タグ）を使った棚卸など省力化による効率アップ、ダウンタイム（稼動停止している時間）の削減など、さまざまなメリットを得ることが可能になる。さらに、従来、手作業で行ってきた業務やタスクをＩｏＴで自動化することで、人的ミスや重複などの無駄が抑制され、現場作業がスムーズに進行できる。

そして、ＩｏＴは、製造業者、サプライヤー、消費者の三者の立場で取り組む必要がある。つまり、顧客価値創造を前提に、流通のあり方、課金のモデル、生産性向上の視点でプラットフォームを構築することである。その意味で、企業経営者としては、幹部、従業員に対してＩＣＴからＩｏＴへの連携を理解させ、人材育成・採用、外部人材の登用そしてクラウド業者、ＩＣＴ企業との提携といった戦略が考えられる。

ＩｏＴは、単にモノがインターネットに接続され、製品の付加価値や生産性向上等が実現するというだけではない。企業活動のイノベーションをもたらす根源となり、物流、ライフスタイル、産業・ものづくりにおいて、革新をもたらすだろう。

さらに、ドローン、無人自動車といった近代社会を支える概念の変化や新たなサービスの勃興、新たなものづくりの創造を生み出すだろう。

9 ＡＩ（人工知能）の影響を予測する

ＩｏＴはすでにあらゆる業界で進行し、同じ産業機器を製造しているメーカーでＩｏＴに対応しているところと、そうでないところとでは、収益力に差が広がりつつある。それに加え、ＡＩのテクノロジーが徐々に進行し、業界の競争優位性に変革を与えつつある。

将棋でもＡＩは次の一手を探すために約５０００万の手数を瞬時に計算できるといわれる。コンピュータとプロ棋士が闘う将棋の「電王戦」では、ＡＩ側が圧倒的に勝ち越し、ここでもすでに勝負はつきつつある。

ＡＩを活用して、中堅中小企業の業務効率化とビジネス拡大を図る視点でみてみよう。

ＡＩの導入で最初に影響を受けるのは、組織内での人の働き方である。

これから先、ＡＩは、人が行う仕事のかなりの部分を代替できるまでに進歩する可能性があるが、当面は、仕事の部分的な代替という形で普及してくるだろう。ＡＩの導入が経営に影響を及ぼしそうな業種については、次の３つの視点で分析し、対応策を考える必要があるだろう。

①業務そのものがＡＩによって代替可能か？

②人手不足の業界か、それとも人手が余っている業界か？

③資本集約的な業界か、労働集約的な業界か？

ＡＩ技術のビジネス活用例

ソフトバンクは大手市中銀行と平成29年９月から、ＡＩを使った個人向け融資を始める。信用力を点数化して貸し出す手法は「スコア・レンディング」と呼ぶが、銀行口座の入出金履歴や携帯電話の利用料金の支払い状況などをもとに信用力を点数化し、最短30分で融資する。ＡＩを使った個人向け融資は国内初である。

また、メガバンクのコールセンターでは、問い合わせをしてきた顧客とオペレーターの会話をＡＩが分析し、回答のヒントをオペレーターのパソコン端末にリアルタイム表示している。ＡＩ導入後は、システムが自動的に音声を文字データに変換し、さらに過去の問い合わせの内容などから、最適な回答案を優先的にオペレーターの画面に表示させることができるという。

ビッグデータ解析や機械学習でも、近年は、巨大データセンターが必要な大量のマシンリソースを不要とし、中堅中小企業でも手軽に利用できる製品が登場している。ＮＥＣの「ＲＡＰＩＤ機械学習」などもその一つで、画像・テキストなど非構造化データに対応した高速・軽量な機械学習アプリケーションである。お手本データを学習させることで、判断モデル（法則）を自動生成する。複雑なルール設定は不要で、高精度な判断モデルを実現することができる。「画像・映像解析」では交通監視、店舗内監視、工場の検品などに利用できる。また「テキスト解析」では、企業の採用業務における求職者と求人ニーズのマッチング、求職者のフィルタリングなどに活用されている。

さて、人工知能のシステム開発は大企業ばかりではない。平成24年設立のＡＢＥＪＡ（アベジャ・代表取締役岡田陽介）という人工知能ベンチャーが注目されている。26年7月に産業革新機構などから大規模な資金調達を受け、さらに27年には伊藤忠商事からも資本参加と業務提携したことで話題になっている。

ＡＢＥＪＡのプラットフォームを導入することで、コンビニや百貨店などの店舗に設置したセンサーによって、顧客や店舗内の動きを認証して「年齢」「性別」「購買傾向」などを解析する。そして個人情報を保護したデータをクラウド上に集積させて分析を行い、いつどのくらいの来店が見込めるか、何が売れるかなどを年代・性別毎に推測できるサービスを提供している。（ＡＢＥＪＡホームページ参照）

さらに、既存のデータと統合して、新たな価値を生み出し、売上向上やコスト削減につなげることができるという。最終的には、未来予測に基づいて、在庫最適、人事シフト最適、といったアウトプットがＷＥＢダッシュボードで見ることができるようになる。

百貨店の株式会社三越伊勢丹、レンタルショップの株式会社ゲオ、アパレルの株式会社ジュンなど、小売・流通業界を中心に、国内の１００店舗以上（２０１６年7月時点）に導入され、店舗運営の改善に役立っている。

伊藤忠商事は、同グループの国内外リテール事業者など数万店舗へ、ABEJA Platform for Retail を導入することを積極的に支援するという。

10 コア・コンピタンス（一番の強み）を活かす

需要が限られている中で、売上増大をはかるには、市場シェアの拡大しかない。そのためには、自社の販売商品の「強み」や「弱み」を把握する必要がある。コア・コンピタンス（一番の強み）とは、他社が何らかの事情で真似できない機能や技術やノウハウを保有することで、競合会社に対して優位性を持つことである。ところが、意外に自社の強みが何であるのか把握していないことが多い。また、「強み」と考えている部分が実は強みでなかったりすることもある。例えば、繁盛している飲食店の店主は、自分の店の味が優れていると思い込んでいるが、実は駅前という立地環境が他店より優れていただけという場合などである。

SWOT分析で強み・弱み・機会・脅威を検討する

「強み」「弱み」の分析を行う手法としては、SWOT分析がある。SWOT分析は、1920年代からハーバードビジネススクールのビジネスポリシーコースの一部として開発された。この分析は内部環境から見た強みと弱みと、外部環境から見た機会と脅威をマトリックス分析する方法であり、プラス面とマイナス面が明らかになる。

S：強み（Strength）　・商品ブランド・特殊な技術
W：弱み（Weakness）　・生産量が少ない・知名度が低い
O：機会（Opportunity）・メディアに紹介された・流行の気配
T：脅威（Threat）　・類似品との競合・生産コスト

経営資源を一点に集中する「弱者の戦略」

一般的には、中小企業は大企業に比べて経営資源の脆弱性を語られることが多い。しかしながら、現実には大企業が必ずしも中小企業より優れているわけではなく、規模が小さい企業には小さいことの「強み」がある。

そこで参考になるのが「ランチェスターの法則」である。「強者の戦略」の追随戦略と「弱者の戦略」である差別化戦略である。大企業が手がけないニッチな分野を中小企業が狙うなど、企業の規模や市場シェアによって多様な競争方法が考えられる。

図5　SWOT分析

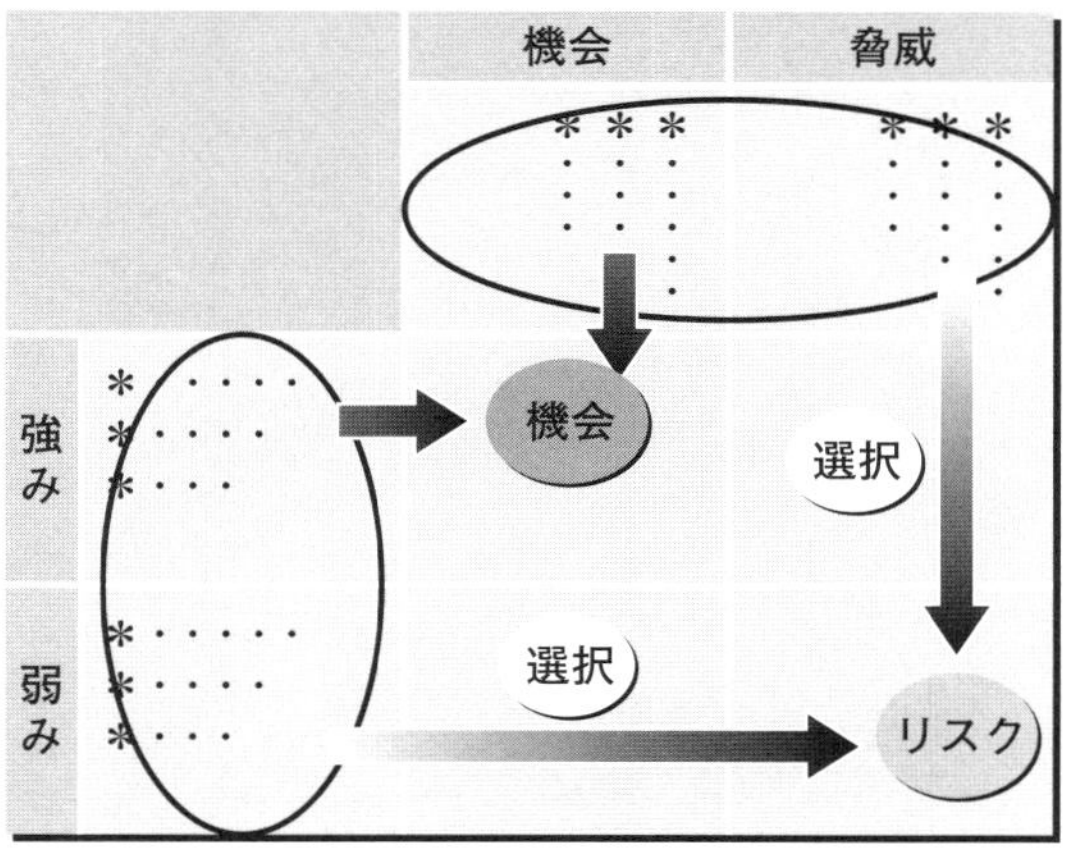

強者である大規模企業は先進性のある技術の導入、企画・提案の能力の発揮、大量販売の仕組みで有利に展開するが、一方、小規模企業は、顧客対応の速さ、小口受注などに対する柔軟さ、アフターサービスのきめ細かさなどで対抗できる。つまり、個々の企業の「強み」の質は様々であるものの、平均的な大企業像・中小企業像という観点でみると、大企業では先進性・販売力という点で強みを発揮しているのに対して、中小企業は、組織の柔軟性、機動性、サービスといった点で強みを発揮しているのである。

このように、弱者は経営資源を一点に集中し、強者にはないニッチ商品で、市場認知度を高め、シェアを高め、維持していくことである。

その一例としてユニークな中小企業の事例を紹介しよう。

C社は業務用什器機器メーカーであるが、病院・医院に直接販売している。大手金属事務機メーカーに直接競合を避け、機器医療什器の壁面収納庫や防火衣ロッカー等のニッチな部分に特化し、精密板金加工技術を武器に設計から切断・プレス、組立・塗装・仕上げまで、一貫加工生産体制を敷いて、短納期・小ロットでの多品種少量生産に対応している。2010年から本格的に開始したインターネットによる受注も、自社のホームページを通じて顧客の描くイメージを図面にし、承認をもらってから生産するという、オーダーメイドに対応できるのが強みとなっている。こうした、オーダーメイド品は、流通コストや製品在庫負担がかからず、しかも市場価格からはやや高めであるが、大手メーカーと対抗して、着実に収益をあげている。顧客のニーズ（例えば寸法、使用素材、色、用途など）に合わせたセミ・オーダーメードでの対応が可能であることなどを武器に競争優位を確保しているからである。

製造業であっても、単に「モノづくり」のみに腐心するのではなく、インターネットの活用で受注形態の柔軟さに加え、新たなサービスの付加によって、弱みを強みに変え、中小企業が本領を発揮できるのである。

なおSWOT分析の手順について、最初に「強み」分析から始めると過去の成功体験にとらわれる可能性があるので、最初は「機会」を分析、次に「脅威」「弱み」の順に分析した方が戦略的との意見がある。自社の現状に合わせて分析順序も検討したい。

11 ＰＰＭ分析を参考にして「選択と集中」を行う

事業の上での競争力を左右するのは、前項で触れたコア・コンピタンス（得意な競争分野）、つまり競争相手に比較して優越した独自の技術やスキル、資金を持つことである。ここに経営資源を集中することで、競争優位の形態をつくるのである。

そのための方法として、現在取り組んでいる複数の事業のうち、どの事業に優先的に資源を振り向けていくかという経営戦略を市場の成長率と相対シェアをもとに決定するプロダクト・ポートフォリオ・マネジメント（略称ＰＰＭ）が有効である。

次頁の図6のように、一般的な方法としては、図表の縦軸に市場成長率を、横軸に相対的マーケットシェア（市場占有率）をおいて、現在の自社の事業や商品・サービスが図のどこに位置するかを分析して、その結果を基に、各事業ごとの方向性と経営資源配分のウェイト付けを行うのである。

ＰＰＭ分析とは

プロダクト・ポートフォリオ・マネジメント（ＰＰＭ）は、複数の事業や製品を持つ多角化している企業にとって、各事業をどのように組み合わせるといいのか、判断に迷う問題である。収益を上げている事業だけに集中することは、確かにひとつの戦略だが、それだけでは将来性のある新規事業への投資が、収益がまだ上がらないという理由で切り捨てられてしまいかねない。ＰＰＭは、そうした製品や事業のバランスのよい組み合わせ（ポートフォリオ）を決定するための経営分析・管理手法である。

　ボストンコンサルティンググループが１９７０年代はじめに提唱したのが最初で、縦軸に市場の成長率、横軸に自社の市場占有率をおき、４つの象限（平面を直交した２直線で分けた４つの部分）を作成する。各象限を、problem child＝問題児、star＝花形、cash cow＝金のなる木、dog＝負け犬と名付け、各製品、事業をプロットする。その位置によって、拡大、維持、縮小、撤退などの経

図6　PPM分析

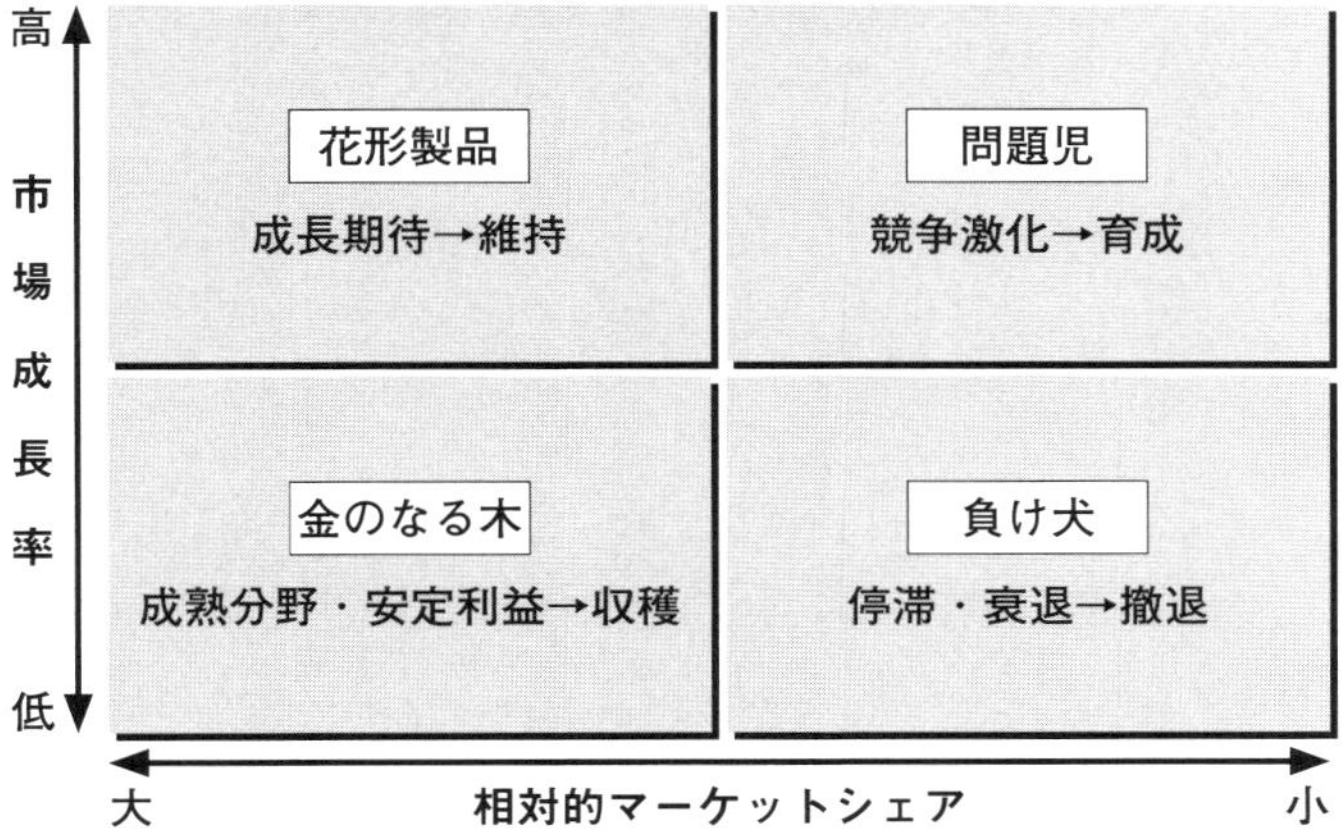

営判断をするわけである。

問題児

成長のために大きな投資を必要とする製品群である。成長率は高いため、もしシェアも拡大できれば、花形製品になる可能性を秘めている。新製品開発への研究投資額の大小を決める判断が重要である。一方、ＡＩやＩｏＴ関連のビジネス分野では、比較的少ない投資金額で新しい事業を開始できることも多いため、この問題児の中に多くの卵を持ち、たくさんの商品群を抱え、将来の不確実性に対応することが求められている。

花形製品

自社のシェアが高く成長率が高いため、多くの収入を見込める分野である。ただし、市場の成長に追いつくためにそれなりの投資も行う必要があり、利益という点ではあまり貢献を見込めない。成熟した市場になったときの利益を確保するためにも、シェアを拡大・維持して、金のなる木へと育てていく必要がある。

金のなる木

成長率が低下していくにつれ、投資はそれほどする必要がなくなり、次第に大きな利益が見込めるようになる。ただし、市場は一般的に、衰退していくので、利益を上げているうちに、「花形製品」や「問題児」への投資と育成を行っていく必要がある。

負け犬

シェアも低く市場成長性も低い分野で、早急な撤退が必要である。

このＰＰＭ分析で注意を要するのは、事業間の相関関係、相乗効果が考慮されていないことである。また中小企業が無理に事業や商品を分けて分類しても、適切な答えが見つからない場合がある。あくまで判断材料の一つとして考えよう。

12 新たなビジネスモデルを生み出す

企業の成長を持続させる上で、新たなビジネスモデルの構築が必要になってくる。従来とは異なる販売方法、サービスの提供方法を考案することが、商品力の強化とともに重要になってきた。

市場環境や需要の変化、競合他社の参入動向、成長性、販売条件などを考慮しながら、どのような製品・サービスを、どのような仕組みで販売するのか、どこで利益を確保するのかを考えていくことになる。今までの自社のビジネスモデルの妥当性や実効性を評価・判断しながら新たなビジネスモデルを追加することである。

複数の案を作り何度も練り直す

ビジネスモデルの妥当性を判断するためには、前提となる外部条件や社内の体制整備など、関連する項目をリストアップし、徹底的に数値化する。もし前提条件が変化した場合、どのような影響が生じるのか、シミュレーションを繰り返すことで、妥当性を判定する。また、テストマーケティング、実験を繰り返して、数値の裏付けをする。

ヤマハが電動アシスト自転車「ＰＡＳ」を販売する際には、地域と性別、年齢別の長時間テストをし、さまざまな情報収集を実施した。情報を集め、細かな修正を加えながら、何度もビジネスモデルを構築し直し、商品ライン、販売価格、販路政策、販売促進策を複数案作って、練り直していった。このやり方こそが、ビジネスモデルと新事業計画を確実なものにしていく唯一の方法である。

「顧客ニーズ志向」と「シーズ志向」とを組み合わせる

ビジネスモデル・ビジネスプランの作成に際して、経営者や立案者が勘違いしやすい事柄に、「顧客ニーズ志向」の発想がある。

「これまでわが社が手を染めていなかった地域・分野には、潜在的な顧客・ニーズが眠っているはずだ。それを掘り起こすことで、新たな市場を開拓したい…」。一見、もっともな発想で、正しいように思えるが、実は、これが不成功のもとになる。

ヤマハが電動アシスト自転車を開発したのは、「ヘルメットをかぶらなくてもよいオートバイが開発できないか」と考えていったら、電動アシスト自転車しか、それを実現する方法がなかったからだ。

顧客の求めている必要性を「ニーズ志向」、メーカーのもっている特別な技術や材料を「シーズ志向」というが、ニーズとシーズ二つの志向の組合せが大事なのである。より広い顧客層に提供するにはどうしたらいいか、顧客に何を提供できるのかという技術、シーズ志向を持たない限り、実現可能なビジネスモデルにはならないのである。実効性の高いビジネスモデルは、「ニーズ志向」と「シーズ志向」の合体があって可能になるといっていいだろう。

「個人中心主義の人事」で体制を強化する

次に、実現可能なビジネスモデルに欠かせないのが人材である。中小企業で問題となるのが、人材、技術、生産設備、資金などの不足であるが、技術、生産は解決しても、中小企業の人材不足は深刻である。

そこで、提案したいのが、全体強化ではなく、部分強化の方法である。ビジネスモデルで急所、中核になる部分を強化し、それ以外は外部の力、人材に依存する。全ての機能を満たすことはできないが、一部なら可能と考えるわけである。

核さえしっかりすれば、若手の起用もチャンスである。能力・経験を持つ人材など、数えるほどしかいない。経験・実績のない若手社員であっても、能力・資質があると判断したら、思い切って責任者に抜擢し、その人をサポートするかたちで人員を配置するといった「個人中心主義」的な発想が重要になってくるだろう。

大学・研究機関連携や海外提携も選択肢に

新しいビジネスモデルの遂行に、いまから人材補充や生産技術、設備投資を行っていたのでは、後れをとってしまう。そんな状況が発生したとき、外部と積極的に手を組むというケースは当然必要になる。大学や研究機関と共同研究を行ったり、外部を含めた新たなビジネスモデル推進チームを創るという気構えが必要である。

中国、台湾、タイ、ベトナムなどの海外に提携先を求めることも、当然、選択肢に加えていいだろう。

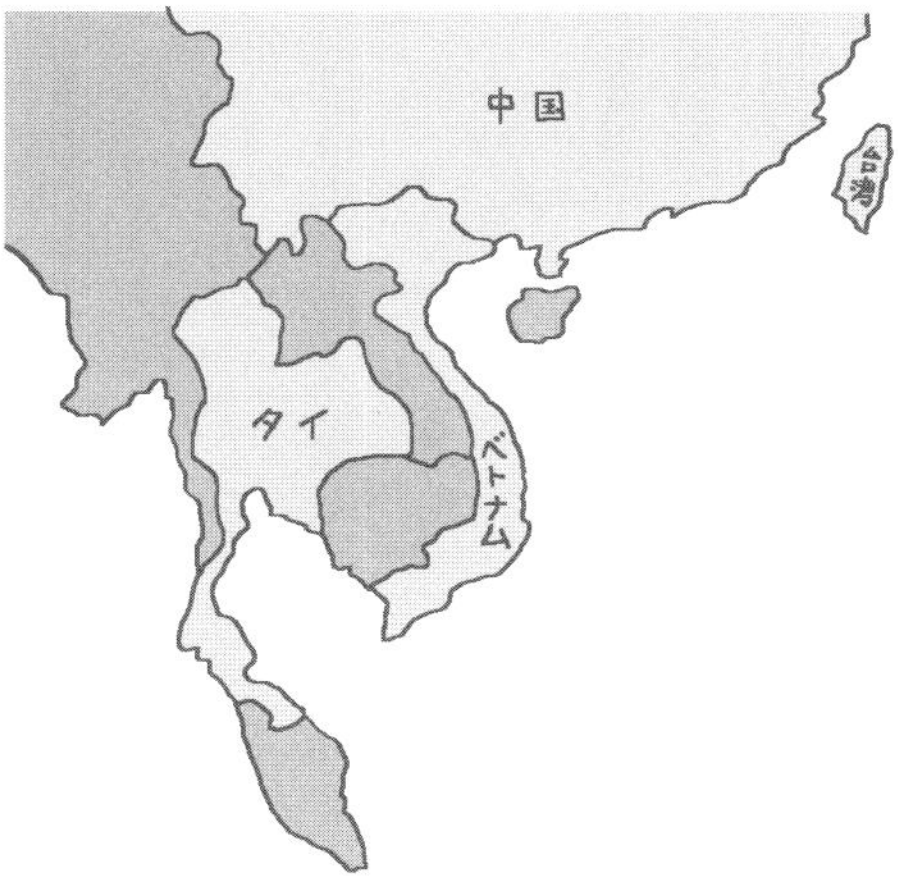

13 「儲けを生み出す仕組み」で優位性を確保する

中小企業庁の2012年の調査によると中小企業の経営課題として「営業力・販売力の強化」と回答している割合が70％を超えて最も高い。

販路開拓したくても、旧来の営業活動が通用しなくなり、営業活動のセオリーが変化したことも大きな要因であろう。今までは売上高を上げるためには営業マンを増加することが成功する手っ取り早い方法であった。極端に言えば、ビジネスモデルの良し悪しよりも、営業拠点や営業マンの数で成否が決まっていたのである。

しかし今の時代は「営業員数＝客数」という単純な図式は成り立たなくなった。それはＩＣＴ(情報通信技術）革命による生産性の飛躍的な向上や、インターネットがインフラとなり、新たなビジネスモデルが登場した結果である。

さて、ビジネスモデルとは、前項でも触れたが、簡単にいえばビジネスの仕組みのことである。どのような商品（製品）またはサービスをどのような仕組みで販売するか、そして、どこで収益を上げるのかという「儲けを生み出す具体的な仕組み」のことをいう。

狭義では、コンピュータやインターネットなどの情報システムを活用した新しいビジネス手法をいうが、新規性と独自性の高いものは「ビジネスモデル特許」となり差別化が可能である。

既存のビジネスモデルの棚卸しをする

このように「儲けを生み出す具体的な仕組み」としてのビジネスモデルの役割は大きいが、次の６項目を自己点検してみることにより、ビジネスモデルの良否・改善方向が見えてくる。

ビジネスモデル自己点検６項目

①顧客は、なぜ自分の会社（店）から買ってくれるのか？
②顧客は、何を求めて買ってくれるのか？
③顧客は、どのくらいのサイクルで買っているのか？
④新規顧客を増やすのはたやすいか？
⑤顧客は、現在の価格に満足しているのか？
⑥顧客は、いまのルートでの購入に満足しているのか？

６つの質問に明確に答えを出してビジネス手法を見直し、ビジネスモデルの変更や新たな手法を考えるべきだろう。何といってもインターネットの登場で、既存のビジネスモデルを革新する可能性が広がったからである。

柔軟対応・小回りサービスで「B to B販売」に活路

インターネットを利用した電子商取引（EC）の形態では、企業と一般消費者間の取引をB to Cというが、企業間の商取引、あるいは、企業が企業向けに行う営業のことをB to Bという。企業間の物品の売買やサービスの提供、企業と金融機関との取引などがこれに含まれる。

例えば、ある企業が販売方法をインターネットによる「B to B通販」にした結果、今までの人的営業・人的販売がベースにした場合と比べ、大幅な納期短縮、価格引き下げに成功した。このような「B to B通販」の成功事例はオフィス向け文房具通販、工場向けの間接副資材通販、金型部品・FA部品通販、旅館・ホテル向け業務用食器通販、医院向け医療機材通販など、業種、分野を問わず拡がっている。

ビジネスモデルの効果は、製造業であれば、単に「モノづくり」のみに腐心するのではなく、受注形態の柔軟さや手の届くサービスといった具合に、小回りの効く中小企業だから本領を発揮できるのである。そして納期の短縮・小ロットでの多品種変量生産への対応も可能であり、競争力を一段と高めることができる。

ある軽金属鋳造メーカーは平成26年から本格的に開始したインターネットによる受注により、ネットを通じて顧客の描くイメージを図面にし、承認をもらってから生産するという、いわゆる「オーダーメイド」に対応できる体制を整え、営業マンを増加せずに受注が

20%増加した。また自社のみでなくメーカー、卸、小売など企業の枠を超えて情報を共有化することにより、販売機会の最大化と在庫の最小化をはかった。いわば、共同ビジネスモデルともいうべきサプライチェーンマネジメント（SCM）は今や、時代の花形になりつつある。

14 外部から経営資源を調達する

新製品開発においては技術革新も激しいので、不足する経営資源を補完するなどの目的で、他社と戦略的連携をする例が増加している。また自社単独での開発にこだわらず、従来は門外不出であった技術を公開し、開発を他社と共同して行う共同開発も増えている。外部の高い技術の活用や自社に乏しい能力を積極的に補完し、変化の激しい市場に対応していくことが戦略的業務連携の主目的である。

従来も「製造を外部に委託する」「物流を共同配送化する」あるいは「チャネルを相乗りする」などの下流工程での企業連携は多く見られた。それらは外部に委託したほうが安いから、あるいは自社だけでは効率が悪いからなど、もっぱら経済的な理由からであった。

最近は、新製品開発については、企業内部ですべて行わずに、外部企業からの技術導入や共同開発を行っている会社が増えている。自社だけでの新製品開発には限界があることと、企業間協力で、製品の技術優位性の向上、市場での価格競争力のアップ、外部企業から技術、資源を導入できるなどのメリットが期待できるからである。

「戦略的業務連携」の3つの利点

実際にどのような利点があるか3つ挙げてみよう。

第1に、新製品開発で自社技術に限界があれば、外部企業から自社にない技術を導入できることである。一企業ですべて技術開発をすれば開発期間も長くなり得策ではない。他社の技術を入れた方が成功する確率が高くなるし、内部で技術開発するよりも、少ない投資と短期間で新技術を得ることができる。

第2に、業務連携で規模の経済性が高まり、製品のコストを下げ、相互で技術開発を分担、部品を共通化することによって、投資やコストが低減できる。部品企業から調達する場合でも、内部生産よりも量産効果を享受できる可能性が高い。

第3に、外部企業との連携により、双方の技術、資源の共有がはかられ、投資も最小限に抑えられる。

ＯＥＭ(外部製品の自社ブランド販売）や製造の外部委託が普及していた電気電子業界では、製造を委託されてきたＥＭＳ(Electronics Manufacturing Service）とよばれる企業が開発まで含めて受託できる能力を備えてきている。技術レベルの比較的高くないシロモノ家電や標準化が進んだモジュール型のパソコンだけでなく、スマホ・携帯電話など技術的に高度な製品でさえ製造はもとより、開発まで受託できる能力をもちつつある。

統合・合併・M&Aに進む可能性もある

業務提携のやり方は様々であるが、資本関係をともなうか否かで大きく区分できる。一般的には資本関係をともなえば強い提携、連合になる。さらに最も強固な提携の形態は、異なる2つの会社が法的にも統合するホールディング方式、あるいは合併である。最近では合併・買収以外にも、持株会社の傘下に複数の企業を束ねることで、実質的な統合効果を発揮させたり、会社分割によって特定事業のみを切り離して会社間で売買したり、他社と合併させたりすることも広く行われている。

昨今は、系列や常識を超えた合従連衡の動き、海外企業を含めた連携も広がっている。単なる提携ではなく、手っ取り早く欲しい外部資源の全て、ないし一事業部門を買ってしまうというM&Aも戦略的連携の有力手段として広く用いられるようになった。

企業の次の発展を期すため、戦略的投資資金としてM&A資金を用意している企業も少なくない。単に技術獲得といった戦略遂行のための手段ばかりでなく、企業価値をあげるために、M&Aをその手段にするなど目的も高度化している。

しかし前述したように、提携密度が高まると、株式持合いなど資本提携や包括提携へと進む可能性も大である。その場合は、ステークホルダー（株主など利害関係者）に与える影響も大きく、一定の制限が加えられるのは止むを得ない。その実現には経営トップの揺るぎない強固な意思決定が欠かせない。

15 自社にない能力を業務提携（アライアンス）で補完する

適者生存といわれるが、企業が競合ライバルとの競争に勝ち、生き残っていくには、強い部分をますます強くし、弱い部分を補完して、会社を強靭な体質にすることである。「販売網が弱い」「新製品開発力が劣る」「製品コストが高い」「生産力が劣る」といった自らの経営資源の弱点をどのように補完したらよいか、その一つのやり方が他社との業務提携である。いわば業務提携は、企業のとるべき特別な行為ではなく、普通の戦略実行の意思決定と考えてよいだろう。

先進諸国の企業をみても、基幹業種だけでなく、多くの業種・分野において、技術革新に遅れないため、他社との戦略的連携に走っている。昨日までのライバル社と合併したり、統合会社を作ったり、連携のやり方も種々、弾力的である。また、自社単独での開発にこだわらず、従来は門外不出であった技術も公開し、開発を他社と共同しても行おうとする共同開発も増えている。

外部の高い技術の活用や自社に乏しい能力を積極的に補完し、変化の激しい市場に対応していこうとするのが戦略的連携である。従来から、製造を外部に委託する、物流を共同配送化する、あるいはチャネルを相乗りするなどの下流工程での企業連携は多く見られた。

それらは外部に委託した方が安いから、あるいは自社だけでは効率が悪いからなど専ら経済的な理由からであった。

近年では多くの企業が、新製品開発については、企業内部ですべて行わずに、外部企業からの技術導入や共同開発を行っている。自社だけで新製品開発には限界があるのと、企業間協力で、製品の技術優位性の向上、市場での価格競争力の強化、外部企業から技術、資源の導入といったメリットが得られるからである。

中小企業にもできる4つの業務提携（アライアンス）方法

①購買活動を共同実施

購買活動でいえば、提携企業同士の同一規格の部品を共同購買することによって、単位当たりのコスト削減を図る。調達先は量産と量販によるメリットがある。

②物流費の削減の提携

コストの中で物流費の占める比率は高い。共同配送、共同倉庫などの提携のほか、異業種間で中距離トラックを相互に融通しあい、トラックの稼働率の向上および流通コストの削減に結びつける方法もある。

③技術提携と相互交流

技術提携により内部で技術開発するよりも、少ない投資と短期間で新技術を得ることができる。また、グローバルで高度技術の統廃合が進んでいるので、業種・国籍の如何を問わず、企業間の技術相互利用（クロス・ライセンシング）の提携を行う。その結果、開発のスピードアップが可能になる。

④製品・部品の規格統一を通じたコストダウン

規格統一による組立費、購買費、物流費など規模の経済性が高まり、部品・製品のコスト引き下げが可能になる。また相互で技術開発を分担、部品を共通化することによって、投資やコストが低減できる。

⑤委託生産・ＯＥＭによる効率化

自社製品の製造を他社に委託生産させ、設備投資資金を節約する。またＯＥＭ（外部製品の自社ブランド販売）で、自社ブランド製品を調達し、自社の販売ルートで販売する。受託メーカー側は自社設備の稼働率が高まり、コスト低減につながる。

16 M&Aを成功させる

今までM&A(Merger and Acquisition) といえば、大企業や上場会社で事業拡大の手段として用いられ、「敵対的買収」「乗っ取り」の手段にも使われた。しかし中小企業の場合は友好的M&Aであり、敵対的買収はほとんどない。近年、中小企業にとっても、後継者問題の解決が大きな経営課題の一つとなってきたこともあり、M&Aが企業再編の方法として活用されている。会社分割、持株会社などの制度の整備もすすんだことから合従連衡が特別なものでなくなり、ごく普通の経営戦略として認識されるようになった。

一般に中小企業のM&Aでは主に以下の方法が用いられる。

①株式買収　株式の過半数を取得して経営権を掌握する。
②合併（新設・吸収）　会社を資産・事業ごと買収会社に統合する。
③事業譲渡（譲受）　会社の事業の全部、または一部を譲渡（譲受）する。

中小企業では、これまでもM&Aの方法以外に、部門営業譲渡、子会社化、取引先・同業者との救済合併など、株式譲渡や吸収合併、営業権譲渡を主体とした企業合併や買収が行われてきた。

売り手側企業の留意点

中小企業の創業オーナー兼経営者が、会社を売却しようとする動機は、第1に親族等に事業を承継する後継者が不在であること。第2に事業が軌道に乗ったので、一度売却して創業者利益を得たい。第3に会社の現状業績や先行きが不安で、資金繰りも苦しい。第4に重点事業に絞り、主力でない事業を売却したいなどである。

いずれの場合も成功に導くには計画的に、事前の準備を怠らないことである。要は先に「売却ありき」ではなく、あくまで良い相手があることが前提であるから、次のような自社の魅力・特徴を示す「経営概要」を作成する。特に、数字には表れにくい無形資産の説明が必要である。

・社長の経営理念・経営哲学・企業文化
・事業の沿革、特色、業界の状況
・自社の組織、人材、販売網
・知的財産権、技術水準、アライアンス
・財務内容（決算書・借入金推移など）

買い手側企業の留意点

一方、買い手側の立場からいえば、M&Aは自社の経営資源のうち何が競争優位で、何が弱点であるかを見極め、どういう補完、事業の組み合わせで新しい価値を生み出すかという経営戦略の一つである。自社のコンピタンス（競争力となる強み）を生かす分野、得意の事業領域にビジネスモデルを再構築するため、M＆Aを活用することにより自前で事業拡大するより時間の節約になるというメリットを狙っている。

M＆Aの成功例でみると、本業とシナジー（相乗効果）がある周辺事業の展開がある。そのため、成長分野の事業部門を逆に売却することもある。中小企業同士の業務連携でも、開発商品の早期立ち上げ、多角化戦略、あるいは自社資源の弱体部分の補完などがある。

M＆A成功には、借入金問題の解決が重要

中小企業のM＆Aを成功させるには該当企業が次の条件を満たしていることが望ましい。

①権限委譲が進み、オーナーが抜けても業績に与える影響は限定的である。
②知的所有権など社内のノウハウが蓄積され、幹部クラスに共有化されている。
③経営管理体制ができていて借入金の返済、移譲に無理がない。

以上3点の中で難題なのが、借入金である。金融機関からの融資による「間接金融」に頼った経営は普通であり、この場合、会社の経営者＝代表者が個人保証をしていることが多く、後継者が債務を肩代わりすることが事業承継をより困難なものにしている。

今後の円滑な承継のためには顧問税理士と相談し、金融機関との折衝、妥当な売却予定

価格の設定など、経営責任を明確にしておくことである。

また、「中小企業経営承継円滑化法」における金融支援策として、後継者となる親族外の会社役員や従業員が、既存の株主から株式を取得する資金の融資を受けられる制度がある。資金調達方法として検討してみるのもよいだろう。

17 自社ブランドを確立する

企業規模の大小に限らず、ブランド重視の経営が欠かせない時代である。企業が売上を上げ、収益を確保するには、一つに、既存顧客のロイヤルティ（忠誠心）を高めて自社製品を購入し続けてもらうことと、もう一つが、新規に顧客を開拓して、確実に売上基盤を広げることである。そのための方策がブランド戦略である。

ブランドは「無形のイメージ資産」であり、基本的には他社が真似ることができない唯一の存在なのである。もともとブランドとは英語で「焼印を押す（Burned）」という意味から派生したもので、牧場で他人の牛から自分の牛を区別できるように焼印を押すことから生まれた。言いかえればマーケティングの一つである市場差別化の方法としてブランド戦略があるわけである。

したがって、ブランドとは、「自社商品を他メーカーから容易に区別するためのシンボル、マーク、デザイン、名前など」と定義できる。

ブランド戦略で得られる5つの効果

①競合商品と分かりやすく選別される。

知名度が高く、固定客を獲得し、安定売上が確保できる。
②品質が保証されているとの安心感を与える。
品質が優れていて、評判の良いブランドとして顧客を安心させる。
③ブランド連想イメージで販売力が高まる。
消費者の指名買いが期待できる。評判のよいブランドを持つことで、企業イメージを高め、チャネル支配力、店頭スペースの確保が可能になる。
④ブランド指名固定客を定着・拡大する。
既存顧客を自社製品に引きつけておく一番の方法は、強力なブランドを持つことであり、消費者にとっては、確立したブランドを選ぶことで、購買リスクが低くなる。
⑤商標登録など法的商標権を確立し、模倣などを防止する。
ブランドの独占使用権を得ることで、自社の商品・サービスが追従、模倣から守られる。その結果、企業イメージを高め、事業多角化、ブランド買収も有利に展開できる。

独立行政法人・経済産業研究所「中小企業の新しい経営活動に係る調査研究」によれば、自社ブランドを持っている中小企業が自社ブランドに持たせている役割をみると、「品質を保証し、安心を与える」といった保証機能が約７割と最も高く、次いで「他社の商品と分かりやすく選別させる」といった選別機能が約６割である。

「新たな価値を創造できるか」がキーワード

また、一般的に「ブランド」という言葉から高級宝飾品や大企業の広告宣伝に使われる標章などを連想するが、最近は、「ぐんまちゃん」などのゆるキャラや「讃岐うどん」「桐生織」といった地域ブランドが増えている。世界遺産に登録された群馬県の富岡製糸場なども地域ブランドとして関連商品の販売増進に繋がっている。このように、ブランドは個別企業だけでなく、地域全体のブランドとしても、販売促進活動の一つとして活用される時代である。

とはいえ、単にブランドとして商標を冠しただけでは効果がなく、自社ブランドが世間に広く認知され、商標そのものに価値が付加されるような取組みを行うことが重要である。まず、「新たな価値を創造できるか」、「永続性があるか」が成否を分けるキーワードである。顧客から「この会社が好き」「この商品が好き」というファンをいかに多く作ることができるかがポイントである。

実際に中小企業において自社ブランドを確立した効果を聞くと、「知名度が増した」以外の成果として、「値段が少し高くても買ってくれる」「商品やサービスの寿命が延びた」「商品がほとんど同質でも、自店を選定してくれる」そして何より「リピーターが会社を支えてくれる」という回答があがっている。ブランド化が経営を安定させる効果は大きい。

18 女性の活躍する場を広げる

企業での女性の活躍促進が最初にテーマになったのは1986（昭和61）年の雇用機会均等法がきっかけであった。募集、採用、配置、昇進、教育訓練、福利厚生、定年、退職、解雇において男女の区別をすることが禁止された。

さらに、急速な少子高齢化の進展、国民の需要の多様化、その他の社会経済情勢の変化に対応していくためには、出産後も仕事を辞めずに働けるよう、育児休業や短時間勤務制度の整備が進められた。

その一方で、グローバル化が進み、日本には女性リーダーが少ない企業が多いことが問題視され、いかに女性管理職を増やすかが、ダイバーシティの経営課題になってきた。ダイバーシティとは、多様な人材を積極的に活用しようという考え方のことであるが、男女別や人種の違いに限らず、年齢、性格、学歴、価値観などの多様性を受け入れ、広く人材を活用することで生産性を高めようとするマネジメントであり、経営の根本である。

戦略的には、女性採用と活躍推進が人材不足を乗り切る切り札になってきたのである。

そして、施策面では、平成27年8月28日、企業に女性登用を促す「女性の職業生活における活躍の推進に関する法律」が成立した。

これにより、平成28年4月1日から従業員が301人以上の企業（従業員が300人以下の企業は努力義務）に対して次の事項が適用されている。
①自社の女性の活躍に係る状況を把握し、課題を分析すること。
②①を踏まえ、数値目標を含めた行動計画を策定し、届出、社内周知及び公表を行う。
③自社の女性の活躍に係る情報を公表すること。

「女性の活躍に係る状況」の必須項目

企業が把握すべき、「女性の活躍に係る状況」の必須項目は次の通りである。
①女性採用比率・勤続年数男女差・労働時間の状況・女性管理職比率また、任意項目として男女別の配置、非正規雇用から正規雇用への転換状況等を設定することができる。
（国の支援措置）
②国は、女性の職業生活における活躍を推進するため、職業指導、職業紹介、職業訓練、創業の支援その他の必要な措置を講ずるよう努める。
③地方公共団体は、女性の職業生活における活躍を推進するため、前項の措置と相まって、職業生活を営み、又は営もうとする女性及びその家族その他の関係者からの相談に応じ、関係機関の紹介その他の情報の提供、助言その他の必要な措置を講ずるよう努める。

このように、企業にとっても女性の活躍の場を広げることが戦略課題になった。つまり女性活躍推進、女性のリーダーの増加で生産性を高め、競争力が強まり、その結果企業収益も増加しているという、実績の証明である。

では、女性人材の不足、キャリア意識の不足といった状況に対して、企業はどのような視点で取り組むべきか、３つの道筋が考えられる。

１つ目は、優秀な人材を採用していくうちに女性が増え、女性の活躍の場が社内で広がるという実績づくりである。まず男女機会均等や共同参画で女性の活躍の場を広げ、本格的に女性活躍が推進され、その結果、会社の業績も上がるという実績をつくることである。女性の活躍の場が広がれば、女性管理職候補の裾野も将来広がることが期待できる。

２つ目は、長時間労働を削減し、育児休暇、職場復帰、短時間勤務制度など、働きやすい職場環境を提供することである。女性のキャリア意識を向上させるためには、時間や場所に柔軟性を持たせた働きやすい環境の整備や、働いた時間よりも成果で評価をする人事制度を構築することで、管理職になっても仕事と家庭の両立を可能とする職場環境の整備が欠かせない。

３つ目は、女性のマーケティングへの参画である。市場は女性消費者の影響力が拡大しており、供給側（メーカーやサプライヤー）に女性リーダーの活躍が注目されている。

現実に小売店でも女性が、女性ユーザー向けの接客や展示、販売・サービスを担当する方が効果が上げている。販売施策など女性のイノベーター、女性リーダーの活躍の場は確実に広がっている。

19 シニア市場を開拓する

最近、マーケティング戦略上、「シニア（高齢者）・マーケット」を意識する企業が増えている。それというのも、１４００兆円といわれる個人資産の70％をシニア世代が占めているので、シニア層が消費しなければ景気に影響を与えるのである。

したがってシニアマーケットを標的にした、マーケティング戦略は欠かせなくなった。

高齢者市場は65歳以上の約２４００万人が対象であり、その内の13パーセント、３００万人が要介護者であり、残り２１００万人が元気シニア市場である。高齢者の就業状況をみると60歳～64歳で男性の場合73％、女性で47％、65歳～69歳でも男性49％と高齢者が働くことが当たり前になった。（平成26年内閣府調査）

定年延長と高齢者労働の活用がその要因と考えられ、ますますシニアマーケットは拡大基調にある。

需要創生のキーワードは、①**健康**、②**生きがい**、③**お金**である。健康を維持していくためには、肉体的な健康だけではなく、精神的・社会的な健康を維持・発展することが必要であり、このためにはさまざまなサービスの創出と提供が可能となる。

シニアの消費支出の「食料」、「光熱・水道」、「家具・家事用品」、「保健医療」といった分野に共通するのは、いずれも健康に関わりがある。また、生きがいについては、積極的な社会参加をすすめること、趣味やサークル活動、旅行などの企画を多様に用意するなど、魅力的な企画を用意する必要がある。カルチャー産業、旅行事業、各種の生活支援サービス、家事代行サービス、移動サービス、健康増進プログラムなどビジネス化の可能性が大である。（拙著『シニア起業の成功術』中央経済社、参照）

そして、住宅リフォーム、グループリビング（共同住宅）などの住宅産業、また、安心して暮らしていけるサービスを組み合わせて提供する事業が具体化されつつある。そうした事業にからんで、金融機関も顧客開拓に力を入れている。

元気シニア市場でのサポート・サービス創出が課題であるが、時代の潮流として、マーケットの拡大は着実に見込める。時間は有限である一方で、仕事・余暇等の生活行動は、ますます複雑化し、外部の専門家に委託するケースが増加するからである。特に本人が高齢者の場合、他の能力は、若いときと比べて顕著な変化はないとしても、体力だけは、機能低下が避けられないからである。

また、シニアを対象としたサポート・サービスビジネスが大きな市場であることは間違いない。産業分野としては①生活文化産業、②福祉サービス、③情報通信関連産業、④自由時間産業、⑤住宅関連産業、⑥その他サービス業の6つの産業分野である。

さらに、加えるならば、最近、若者からシニアへとシフトが加速しているのが「食」関連分野と金融サービスの2分野である。

考えられるサービス分野

そこで、シニア市場開拓にあたって、具体的にどのようなサービス・サポートの商品が考えられるか、「新規性」「専門性」をキーワードにして考えてみよう。

①市場の差別化、②提供手段、③提供内容、④技術革新、⑤国際化、⑥複合化・総合化以上の6項目から「新規性」と「専門性」から見たサービス業の分野はシニア層の増大とともに成長を続けているが、特に専門性の高い分野は高い成長が見込める。サービス業は原則として技術、労力を売るビジネスであり、在庫を持たないため、資本投下が少なく、リスクがないのが最大の武器である。例えば情報家電サービス分野の例を挙げてみよう。

・テレビ・ビデオ・キッチン家電の設置、操作サービス
・インターネット接続サービス・利用法の指導
・電球交換・不要家電の回収

このほか、加齢により出費が縮小する「被服及び履物」の分野でもチャンスがないわけではない。就業年数が伸び有職者も増えているので、身体的な不快感を取り除き、心地よさを追求したシニアビジネスが提供できれば支持されるだろう。

シニアといえば健康が最大のテーマであるが、しかし健康は手段であって目的ではない。

有職者、無職者に応じて、「なすべきことは何か」も変わってくる。したがってサービス産業そのものにも変化と使い分けが必要である。シニア向けのコンサルティング、総合的なサービスをパッケージにしたサービス、シニア専門の人材派遣サービス、付き添い、代行、配達サービス、各種専門職能のアウトソーシング受託、そしてアーカイブ関連（保存記録・収集保存）などが注目される。

20 事業承継を計画的に進める

社長が65歳以上のオーナー企業のほぼ半数は後継者不在だという（２０１３年・帝国データバンク調査）。中小企業の貴重な技術やノウハウなどの事業継承が円滑に進まなければ大変な損失である。今や経営者の高齢化により後継者の確保や技術承継が、中小企業の新たな経営課題になった。

ところで、日本の国内特許権所有件数は約１２５万件、そのうち約半分近くの57万件は未利用だという。（特許庁２０１０年調査）、特許になっていなくても経験に裏付けられた技術、ノウハウは中小企業の中に埋もれている。このシニアが苦労して育てた「資産」を次の世代に引き継ぐことが、わが国の競争力を維持することにつながるのである。

資産買収や営業譲渡の方法

大手企業の技術者で、起業を考えていたE氏は、取引先であるプラスチック容器製造のF社長から後継者含みで入社を懇願されたが、固辞し、逆に食品包装材、包装容器の生産設備と営業権の譲渡を受けて起業に成功した。その後、新製品の開発で特許を取得し、順調に成長している。オーナー経営者からの事業承継ではM＆A（企業の合併買収）が一般的に行われるが、このケースのように部分的に資産の買収、営業譲渡の方法もある。

中小企業は経営陣および株主を創業者一族が占めていることも多く、後継者も親族の中から選ぼうとする傾向が強い。しかし、経営者として適切な資質をもち、かつ事業を継ぐ意思がある人材を見つけることは容易ではない。

親族外承継の方法

一方、親族以外から後継者を探す場合、従業員から後継者を見つけるか、外部の取引先や、金融機関などからの招聘を検討することになる。適任が見つからない場合、他社への事業譲渡も選択肢の一つであろう。

従業員の雇用も維持でき、オーナー経営者の資金回収も図ることができるからである。問題は「会社の価値をわかってくれる相手」を探すことの難しさである。事業承継の意思決定をしたら、会計事務所、取引先、金融機関、商工会議所などと密接に情報を交換し、計画的にパートナーとの出会いを図るのが近道である。

最近のM&A方式の成功例として、会計事務所の斡旋仲介によって中小企業同士が業務連携や合併をしたケースや、ベンチャー起業が早期に経営基盤づくりのために、類似の中小企業を買収するなどのケースがある。

承継には5年以上必要

一般的には、事業承継は一朝一夕にできるものではない。後継者の選抜を誤らないのはむろん、円滑な継承のため、何年か業務経験を積ませ、また従業員や取引先などの関係者からも後継者に相応しいと認知され、理解も得た上で事業を引き継ぐ必要がある。

所沢市のA社は経営が順調であったが、経営者が80歳の高齢の上、体調を崩し、急遽、従業員も含め継承者を募集した。2年かけてようやく、合格点をつけられる人材が見つかったが、その後、後任社長への引き継ぎにさらに2年を費やしたという。

後継者の育成は承継予定時期の何年前から始めた方がよいかという問いに対し、「5年くらい前」と回答した企業が25％、「5年～10年くらい前」と回答した企業が29％を占めた（中小企業基盤整備機構2011年3月調査）。このように、5年以上が必要と考えている企業が半数を超えている。

M&Aは「三方良し」を目指す

M&Aの方式は簡単に言えば、売り手と買い手の間で行われる株式の売買である。自社の株式を後継者に譲渡することを考えている場合、相手が企業の場合は株式交換の方法があるが、株価が妥当であるかどうかが問題になる。あまり高すぎると売買が成り立たない。

利益蓄積の大きい会社であれば社長に退職金を支払って、内部留保を少なくする方法も

である。

M&Aを成功させるには、社長、従業員、取引先の「三方良し」をめざすことである。社長は創業者利益を確保し、従業員は引き続き雇用され、取引先は取引が安定して継続するという前提で進めることである。

なお、2013年度の税制改正を受け、2015年以降、親族であるかどうかにかかわらず、中小企業における前経営者から新経営者への自己株式承継にかかる相続税・贈与税の軽減（相続：80%、贈与：100%分）が認められることになった。

第3章

効果的なマネジメント

21 コンピテンシーによる目標管理を定着させる

目標管理の理念には3つある。①目標設定への参画、②成果の方向づけ、③自己統制である。つまり、組織目標を取り決める場合には、できれば組織のメンバーを参画させて、全員の同意と共感をもって決定し、成果への方向づけを行って、全員の納得が得られるのがベターである。それには、目標までのプロセスを重視し、成果行動を明示することが重要である。さらに、メンバーの自主性・自律性を尊重することで、主体的に目標達成に向けて気力を充実させ、結果として自己管理と自己統制に導くことが成功のカギである。

最近、目標管理が成果主義を中心にした結果重視に走った結果、実際の運用面において十分な効果が上がっていない企業が増えている。そこで、その対策として効果的なのがコンピテンシーによる目標管理であり、プロセス重視の「成果の方向づけ」をしっかり行うことである。コンピテンシーとは、もともと仕事や役割に関して効果的で優れた成果を発揮する個人の行動特性のことをいうが、目標管理を人材育成と結びつけるものとして注目されている。

目標管理制度のポイント

①目標設定時に「何を」「どのように」を明確にすること

本当に果たさなければならない仕事は何なのか、何をすればその目標とする仕事を果たせるのか、その知識、技能、意識を高めるため人材育成と並行してすすめる。そして目標達成のプロセスを明確にして成果の方向づけをする。

②目標項目の数値化・客観化をはかることで達成基準を明確にすること

目標管理を年度だけでなく、半期、四半期、月別と細分化し、期末の見通しの修正、対策をやりやすくする。また手段・方法のＰＤＣＡ（プラン・ドゥ・チェック・アクション）を確実に励行することである。

③目標管理制度は、人事考課のツールではなく、マネジメントのツールである。

そもそも目標管理制度の本来のねらいは、組織目標の遂行するため管理ツールである。人材育成や人事制度との関連が強いため、成果主義の浸透から評価のツールとして運用されがちであるが、本来のマネジメントのツールとしての役割を忘れてはならない。

すでに目標管理制度を導入している企業であれば、右記①②③から見直し、円滑な制度運用に留意する必要がある。そして実際面で効果があがるのが目標管理の推進にあたって、会社組織の課題、運用上の問題点に対し、研修などを実施し、時間をかけて議論することである。一般社員についても各自の目標を改めて確認し、全体の中での自らの役割、位置づけを明確にすることである。

コンピテンシーによる目標管理が有効

目標管理制度の良い点は、ＰＤＣＡを確実に実行し、軌道修正のアクションを早くすることである。仕事管理に評価が先行してしまっては、良い改善案、アイディアが反映されないリスクもある。目標管理制度に代わる新たな人事評価制度のあり方を考えていく必要がありそうだ。その改善方法としてコンピテンシー・モデルの採用が考えられる。コンピテンシーは前述のように、高い成果を生み出すために安定的に発揮している思考、行動特性を具体的な指標にして、各仕事単位に高い業績や結果を残す人のコンピテンシーをパターン化してモデル化するものだ。

従来、人事評価や育成は、能力や職務、業績（結果）に視点をあててきたが、高い結果を継続的に残すためには、仕事のプロセスも重要だという認識に立って、コンピテンシーの視点で評価するようにする。そして、コンピテンシー・モデルと個人の行動実態を比較し、その結果を評価や人材育成に活用しようとするものである。

コンピテンシーには顕在化した行動を観察するため、判断基準が明確でわかりやすいという特徴がある。一方、コンピテンシーが発揮できない要因として、前提となる知識・技能やノウハウが不足しているとか、今まで経験がないといったことが考えられる。そこで、コンピテンシーの効果をあげるため、人材の評価や育成のみならず、採用や人材配置などにも採用すべきであろう。

22 ＰＤＣＡサイクルで業績向上をはかる

目標に向かって何をしなければいけないか、特に新たな戦略の実行、より高い目標の達成のために、これまでの仕事と異なる新たな仕事のやり方が求められる。

このように仕事のやり方に変化が求められるときには、ＰＤＣＡマネジメントは有効である。ＰＤＣＡは、もともとは生産管理や品質管理などの管理業務を円滑に進めるための手法として、戦後日本の経営者に影響を与えたアメリカのＷ・エドワーズ・デミング博士らが提唱した考え方である。

計画を立てて（ＰＬＡＮ）、それを実行し、（ＤＯ）、実行したことを評価し（ＣＨＥＣＫ）、うまくいっていなければ改善する（ＡＣＴＩＯＮ）という、それぞれの頭文字を並べたものである。もともと、仕事の進め方について、「基本はＰＤＣＡ」とよく言われるが、仕事の流れを管理する基本であることはいうまでもない。

このＰＤＣＡプロセスを繰り返すことによって、仕事の効率や品質を維持・向上させ、継続的な業務改善活動を推進するマネジメント手法である。

ＰＤＣＡの各段階での推進ポイント

ＰＤＣＡの各段階での推進ポイントを挙げてみよう。

ＰＬＡＮの段階では、仕事は計画段階で90％決まるといぅが、仕事は準備や段取りが大事だと言われている。目標や計画を確信が持てるまで練って設定し、目標達成のために何をするべきか仮説を立て、自信をもってプランニングすることである。この場合、仕事のやり方を変えることを前提にして「仕事の理解の仕方」と「段取りのつけ方」に力点をおいて立案する。何をするのか・誰に対してするのか・なぜするのか・どのくらいの数量・金額を狙うのか・いつまでに行うのか…など基本の５Ｗ１Ｈを更に詳しく分解して考えていくのがポイントである。

ＤＯのステップでは、単に従来の仕事のやり方での継続以外に、今までとは異なる仕事のやり方を採用することは簡単ではない。極力早く、優先順位を決めて成果を出し、確信して継続できる段階にもっていくことである。計画したことを意識し、成果が分かるように、時間を測る・数値

図7　PDCAサイクル

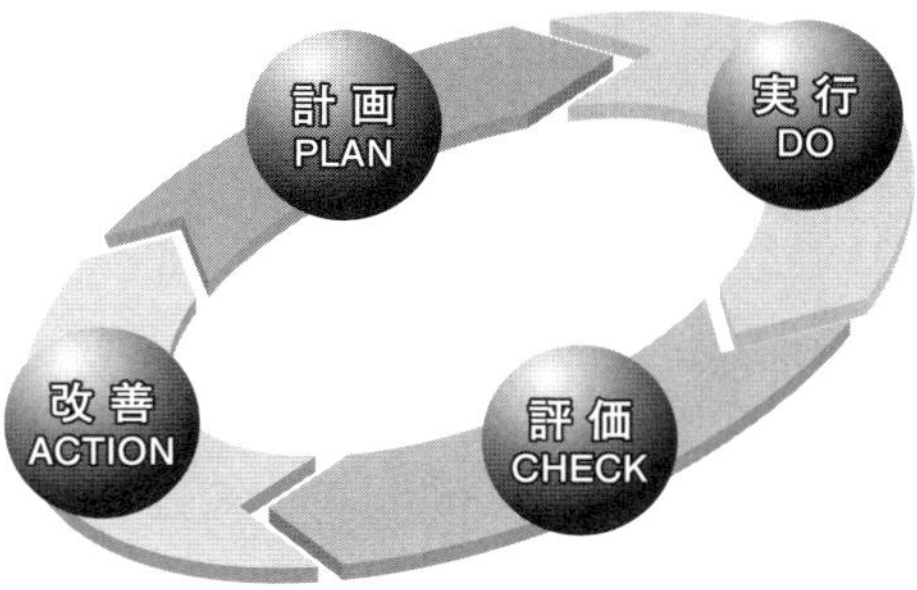

を出し、時系列で計画対比することがポイントである。

ＣＨＥＣＫのステップでは、仕事を振り返り、実行した結果が、良かったのか悪かったのかを判断する。その時に、売上・利益に代表される数値による結果だけで判断するのではなく、結果数値に至った行動を分析する。つまり具体的根拠の検証が必要である。

ＡＣＴＩＯＮのステップでは、実行した結果、この計画を続けるか・止めるか・改善して実行するかなど、うまく実行できていないことを、いかにして実行するかをこの段階で考える。この場合の改善アクションはコミュニケーションを重視し、関係部門との調整と連携をはかりながら、何をどのように、いつまでに、誰が推進するか、選択と優先順位を定めたアクションプランが不可欠である。一方、改善事項の中で、ムリ、ムダ、ムラを発見し、やめてもいいという業務を排除することを忘れてはならない。これがリーダーシップを磨き、業績向上の近道になる。

いずれにしても、ＰＤＣＡの推進にあたっては、段階ごとに「報告・連絡・相談」だけでなく数値情報を時系列に収集し、関係部署で情報を共有化することが望ましい。

そのことは組織としての共通認識となり、リーダー自身が行動を起こす起点になる。指導力不足の第一はリーダーが現場を知らないことだと言われる。ＰＤＣＡは役職者などリーダーの現場力を磨くことにつながり、良きリーダーシップの根源になると共に、業績向上・改善の近道である。

23 設備投資の意思決定をする

設備投資を行うに際して、投資額、時期、回収など種々留意しなければならないことがある。その投資が長期にわたって資金を固定化されるので、意思決定にあたっては、資金繰り、投資の採算性などを、慎重に勘案して行う必要があるのは言うまでもない。

設備投資にあたっての確認事項

通常、設備投資の意思決定を行うには次の3点を確認する必要がある。

①事業計画を立て、計画に必要な金額を算出する。

②計画に必要な資金のうち自己資金と借入の割合を算定する。

③収益計画と資金繰り計画を立て、借入の返済が可能かどうかを確認する。

トップマネジメントの意思決定には、慎重さも必要であるが、反面タイミングを逸することのないよう、迅速さも欠かせない。設備投資の内容は、土地、構築物、建物、機械装置、車両運搬具等の有形固定資産であるが、特許関連、工業所有権や営業権も最近増加している。また戦略的なM＆Aである企業買収資金も一種の投資と考えている会社も増えている。

設備投資の目的

設備投資の目的として、大きく次の6つが考えられる。

①合理化投資・・・・・ロボットなど省力化、省エネ、省資源など

②新規投資・・・・・・工場、店舗、倉庫の新設など

③更新投資・・・・・・陳腐化、技術革新による更新

④増設投資・・・・・・設備増強、新工場投資

⑤防衛投資・・・・・・営業所増設、競合対策、公害関連など

⑥無形固定資産投資・・ビジネスモデル特許、内外実用新案、営業権、著作権など

このうち⑥との関連では、企業合同、戦略子会社の設立などへの投資、営業権の買取りやM&Aなどの戦略投資が注目されている。

設備投資計画の作成手順と留意点

・設備投資の必要性検討・・・・・現有設備の改良ではどうか
　外注、協力工場での代替えではどうか

・投資規模の見積り・・・・・・・原価比較、投資時期、設備内容等

・設備投資の経済計算・・・・・・利益比較法、投資回収期間法等

・設備投資内容、金額の調整・・・リース、レンタルとの比較

・設備投資計画の決定・・・・・・資金調達、（費用発生時、支払時期）

前述したように投資戦略は他の経営戦略の核になるもので、投資をした場合と、しなかった場合、投資金額の大小などの効果予測をまず行うだけでなく、投資時期も非常に重要である。グローバルでの判断や中長期からみたライバルとの競合予測などが決め手になる。

一方で売上増、利益増など投資効果の見積り、併せてキャッシュフローの増減を総合的に判断し、投資指標を算定し、設備計画を裏づけする緻密さもまた重要である。

多額の資金を投下する設備投資は、誤った判断をすると、多額の資金を無駄にしかねない。投資家から調達した資金を有効に活用し、十分な利益還元を実現するには、設備投資の前段階である経営計画の策定を並行して進める必要がある。

したがって企業の投資行動は、経営計画の作成から始まり、様々な状況と前提要件を想定し、綿密な調査を行い、ビジネスの成果とコストを予想して策定する。

成果目標は将来のキャッシュフローである。コストは主に設備投資額である。ビジネス・プランに基づき、それを採択するか否かをシミュレーションして、決定することになる。投資決定がなされると、プランに沿ってビジネスが実施に移される。

投資決定　↓　資金調達　↓　投資行動　↓　増加キャッシュフロー・利益還元

以上のように投資決定から資金調達、そして実勢の投資行動、そして利益還元としてキャッシュフロー増の成果とつなげる。もちろん、利益還元として投資家への配当政策にも影響する。

このように投資決定は、コーポレート・ファイナンスにおける中心的なテーマであり、経営戦略の核として、トップマネジメントの最高意思決定事項である。

そしてトップの意思決定には、将来の業績成果を前提にし、投資資産の取得・活用・評価・処分までの長期間にわたる継続的なマネジメントが必要となる。

24 業務改善を実行する

改善目的・目標を明確にする

業務改善の直接的効果として経費削減があるが、それだけではなく仕事のやり方そのものを変え、効率化することにねらいがある。業務成果の向上、業務効率化、ミスの低減・抑制、業務時間短縮を通じて、今までの仕事を変えていくことである。

その対象は資金や物だけでなく、人や情報、システムにまで及ぶ。さらに、業務改善は会社の規模や業務内容だけでなく、置かれた環境、企業文化まで対象とするため、方法は一様ではないが、成功時の効果は経費削減の何十倍にも及ぶだろう。

業務改善を行う際に、重要なのは目的や目標を明確にすることである。そして、なぜ業務改善を行う必要があるのかを所属する社員全員が認識し、目標を同一にすることである。

本格的に業務改善を行う場合、リーダーを中心に何人かのメンバーを集めたチーム単位で業務改善を行うことが多い。業務改善に対する共通したイメージを持たないチームは、最終的に業務改善を果たせず、失敗するか、効果があがらない場合が多い。

目的を掲げた上で「誰が」「何を」「どのように」「いつまで」という具体的な目標と行動計画を明確にすることが大切である。

業務改善で得られる4つの効果

①業務成果の向上

業務の成果を現在より高いレベルにすること。例えば営業の売上伸長を15％高める、開発部門でヒット商品を開発する、コストダウン10％の実現など。

②業務の効率化

現状より工数を減らして、同じ業務の結果が得られるようにする。投入人数を減らしても同じ成果を上げることなど。

③ミスの減少と抑制

不良品の発生を今までより減らし、歩留まりを高める。今後発生する可能性のあるミスを事前に手を打ち、発生しないようにする。

④業務時間の短縮

作業時間や事務時間を短縮しても今までと同じ成果をあげる。

この4つは業務改善の目的ともいえるが、実際に業務改善に取り組む場合、一つの目的を達成することにより、複数の目的が同時に達成される場合があり、取り組み業務改善の順序としては、着手しやすい、実現可能なことを優先して行うことが得策である。

次に業務改善の効果をあげるには、業務のやり方の改善を考えがちであるが、それだけでなく、やる人の能力アップと仕事のやらせ方の適正化とを合わせて実施することである。

まず「やり方の改善」では業務上利用するシステムや帳票類の改良、手順の改善などであるが、省力化、機械の活用や最近ではＩｏＴやＡＩの活用といった高度な対応もある。したがって、やる人のスキルアップが欠かせない。同じ業務を行っても担当者によって終了時間が異なったり、品質レベルが違うことがあり、業務改善では、担当者の能力、スキルアップも大切な改善要素となる。

次に「やらせ方の適正化」では仕事の与え方が適正か否か、量と質の両面で検討する必要がある。また、ミスをしてはならない業務なのに十分なスキルを持っていない担当者に任せて失敗するケースもある。業務の適正な分担や計画的な遂行も、業務改善に有効な要素である。

さらに、業務改善に効果的なのが、ノウハウの共有と活用である。ベテラン社員やスキルの高い個人が独自に保有しているノウハウを企業内で共有し、全員で活用できるようにすることである。通常はノウハウを棚卸しして、マニュアル化することが近道である。

担当者が業務を実施しながら、知りたい時にマニュアルで調べることができる環境を整備することで、効果的にノウハウが共有化され、生産性が高まる。

25 個人のノウハウを共有する仕組みをつくる

ノウハウ（know-how）とは、企業の活動に必要な技術・経験の情報、専門的な知識やその蓄積のことをいう。新しい独自の技術やマーケティングテクニックなどもノウハウである。これらのノウハウは、従業員の個人が独自に保有していることが多い。これをいかに企業内の組織全体として共有化し、従業員全員が知識継承し、活用できるようにすることが業務生産性を高める上で重要になる。

では社内で業務を行う際の様々なノウハウを共有するにはどうしたらよいか、どのように個人のノウハウを選別、蓄積し、これらを各メンバーが効率よく吸収して、自分の業務に活かせる仕組みをつくるか、そのポイントは3つある。

仕組み作りの目的と留意点

①企業の競争力を維持、向上させるベストプラクティス（最善慣行―ある結果を得るのに最も効率のよい技法、手法、プロセス、活動など）を選別する。

ベストプラクティスを共有化することによってより良いノウハウを生み出す。1つのノウハウに縛られることなく、常に進化したノウハウを加える。

②重要なノウハウを可視化（見える化）し、会社全体の効率性・生産性を高める。
社内全体でノウハウを共有することで、社員全員の知識が高まり、それにより会社全体の効率性・生産性が上がる。業務の中で何気なく行っている作業の流れや判断を行うときの判断基準といった経験的知識を、いかに可視化された定型的知識に変換するかがポイントである。

③蓄積されたノウハウを必要な人が使い、社内の人間関係を活性化させる。
社内でノウハウ共有するようになると、社内での社員同士が交わる機会が増え、他の部署の人と接する機会も増え、社内のコミュニケーションも活性化する。コミュニケーション不足に起因するムダ、ムラ、ムリも、職場間の情報共有化で回避されるケースが多い。

成功事例・失敗事例をデータ化して共有する

ベテランが経験から自然と身に付け、暗黙知となりがちでマニュアル化しにくい現場固有のノウハウを抽出し、組織全体で共有する手法として有効なのは、業務の成功事例・失敗事例を蓄積し、担当者が必要に応じて事例を検索できる仕組みをつくることである。

つまり各個人が業務の中で行ったプロセスや判断内容を、容易にシステムとして取り込み蓄積する仕組みと、システムに取り込んだ内容を業務と関連付けて整理し、他のメンバーが同じ業務を行ったときに、必要な知識を提供できる仕組みである。

業務の成功事例として、成功したときの環境条件や業務手順を整理することにより、その事例を見た担当者が成功事例と同じように業務を実施すれば、成功する確率が高くなる。また、業務の失敗事例は、業務を失敗した原因を事例として共有することで、同じ失敗を繰り返さないための情報となる。

事例を効率的に蓄積し共有するためには、担当者が日常的に業務を実施しながら蓄積できる環境を整備することである。最近では業務の成果物が電子データで作成されることが多いため、電子データの事例をすぐに保管できるデータベースを構築し、業務を実施する過程で、自身の業務が成功した場合や失敗したときに、すぐにデータに保存し、後から検索できる仕組みにすることである。

事例データの保存・活用のステップ

そのための方法として、３つのステップが効果的である。

①可視化（見える化）

ベテランの過去の経験を正確に把握するために、議事録などのドキュメント（記録・仕様）をもとに、実際に行動したことを抽出して一連の出来事を可視化する。証拠となるドキュメントに基づくことで、記憶違いや行動の正当化による誤解を防ぐ。

②トラブルの体系化

トラブルの傾向を分類してトラブルのパターンを見つける。過去の失敗を糧にして、同じ失敗を起こさないためのノウハウを体系化する。

③経験学習

経験をしていない社員が、行動を可視化したパターンを追体験することで、他者の経験から学習を行う。複数の社員間で、それぞれの考えた行動の背景にある意図を相互に議論し、考え方を学ぶことができる。新入社員などの習熟度を早め、生産性を高めることができる。

26 三現主義（現場・現物・現実）で本質をつかむ

問題点を解決する手法として「現場」「現物」「現実」の三現主義がある。問題が起これば、机上で議論するのではなく、ただちに現場に行き、現物を確認し、現実を認識して解決の糸口にする。いわゆる問題解決にあたって物事を自分で確かめずに、勝手な推測や憶測をもとに判断するのは危険である。規模の大きなトヨタやホンダなどは、品質管理において、三現主義を基本原則としている。むろん系列の部品メーカーなど、多くの中堅中小企業の生産現場でも普及している。

三現主義は、工場の工程での不具合だけでなく、犯罪捜査や売上不振の解決といった問題にも適用することができる考え方である。トヨタには「者に聞くな、物に聞け」という教えがあるが、これは文字どおり、人に聞いた話を鵜呑みにせず実際の物を自分の目で確かめろ、ということである。

本田宗一郎のものづくりの原点

またホンダの基本理念は「つくって喜び、売って喜び、買って喜ぶ」の3つの喜びである。つくる喜びについては、「現場」「現物」「現実」の三現主義がもの作りの原点にある。

本田宗一郎は技術課題に出合うと、その背後にある全体像・本質を瞬時に察知する感性を備えていた。一つの現象だけを見ないで、背後にある本質・真実を直観的に見抜く状況判断能力に優れていた。このイノベーション思考の進め方、発想の展開の過程で、新しい真理の発見、すなわち「創造的破壊の発想」も三現主義が原点になっている。

もともと三現主義とは、モノづくりの現場から生み出された言葉だが、品質改善をはじめあらゆる領域の問題解決の基本となる。

本田宗一郎は技術のことを素人にも非常にわかりやすく説明するだけではなく、作り方も明快に解説できたという。現場に行けば、自分の構想を床に図面としてチョークで書き、技術者と論争し、自ら工具を持って行動で示していた。これだけなら、単に技術に詳しい現場密着型の経営者に過ぎないが、本田はその背景に将来を見通した自らのイノベーション思考を持っており、それに基づき開発の方向を示唆していたのである。（『得手に帆をあげて』三笠書房参照）

合理性を追求しながらも、過去の理論や体験に過度にとらわれず、常に未来へ目を向け技術のあり方を考え、それを現場技術者に伝える能力があった。

当時の技術レベルでは無理難題と思われた課題に対する本田の解決法が、時がたってから正しいと判明し、本田の「先見の明」が証明されたこともある。

この課題解決の手法は「現場・現物・現実」のホンダ・ウェイ（フィロソフィー）に徹

底したことでもたらされた。小さな現象から根底に潜む「本質は何か」を把握する本田のイノベーション感覚の鋭さは研ぎ澄まされていた。

この本田宗一郎の「部分から大局を察知する」感覚や創造性は、小から大を見る、逆に大から小を見る、一見して角度を変えて観ることで培われた。大所高所の視点から物事を見るだけではなく、極めてミクロで個別的なことからマクロ的全体像を構築する能力に優れていたといえる。

企業の行動規範とするべき

現場に行っても、問題解決のヒントを見つけられる人とそうでない人がいる。探求心をもって現場に臨まないと、現実にあるものに気が付かないケースも多い。

探求心を働かせるには原理・原則を理解していることが欠かせない。本田宗一郎のイノベーションの原点は、技術面における状況認識力と問題設定・対応能力等だが、決して、原理・原則を無視したわけではない。むしろ、理論重視のホンダの気風を尊重していた。

有名な空冷対水冷論争やCVCCエンジン開発では、強硬に自説を主張したが、最後は部下の正しさを認めたエピソードがよい例である。本田は「技術は技術のためにあるのではなく、あくまで人間のためにあるのであり、技術は人間に奉仕する一つの手段に過ぎない」と言っている。(『ホンダ50年史』参照)

ホンダの草創期は、創業者本田宗一郎の開発センス、技術知識に支えられてきたが、今や三現主義はホンダ社員全員の共有物になっている。

業務の仕組みや行動の全てを、現場・現物・現実をベースに考えるのが三現主義であり、企業の行動規範とすべきであろう。各業務マニュアルの中に三現主義に基づく行動を盛り込み、その実行を第三者がチェックする手順を組み込んで三現主義の徹底を図りたい。

27 会議を機能させて目標達成をはかる

会議は集団による問題解決の手段である。必要事項を伝達し、アイディアを交換し、意思決定に結びつける重要な役割を持っている。そして、対面コミュニケーションによる意思疎通と情報交換により目標達成の一体感を共有するのが目的である。

しかし会議にムダが多いのはなぜだろうか、会議にとられる時間のコストもばかにならない。役員は勤務時間の25％、管理職16％、一般社員15％という統計結果が出ている（日本能率協会の調査他）。これをコストにすると大変な額になる。

会議の代わりに「報・連・相」（ほうれんそう）を励行

ホンダでは、役員会を減らすため、大部屋役員室を作り、また水曜日を「会議ゼロの日」にしている。中小企業ではトップのリーダーシップが強いので、「会議をなくす」「開催数を減らす」「会議時間を短縮する」「参加人数を減らす」などの効率化が即実行可能である。むしろ中小企業で会議を減らす効果的な方法は、会議に代わって「報・連・相」（ほうれんそう）つまり報告、連絡、相談の励行である。

・**報告**　上司からの指示や命令に対する経過や結果を知らせること。

・連絡　上下関係にかかわらず、仕事上の事実や情報を伝えること。
・相談　業務判断を行う際に自分のみの判断が困難なとき、意見を聞いて助言を得る。

短時間の打ち合わせやＩＣＴ活用で代替

医療機器を扱うT社は社長室のドアを常に開けてあり、いつでも社員が報告、連絡、相談が可能な環境にしてある。また会議以外の手段として、短時間の打ち合わせやＩＣＴ（情報通信技術）を活用しており、外出先からフェイスブックで会議に参加することも可能だ。マンネリ化した、ムダな会議は止めねばならないが、一方、会議の成果も大きい。

業績に直結するような創造的な会議は時間をかけて、参加者の意思統一ができるまで、徹底的に議論し、結論を出すべきである。戦略立案のための戦略会議、製品開発会議、営業マネジャー会議などを実効あるものにするには、会議議長のリーダーシップが重要である。その場合、留意すべきことは、次の5点である。

議長に求められる5つの役割

①会議の目的を明確に提示し、事前に各自に事前準備させる。
②全員を会議に参画を求め、情報交換して課題を絞る。
③実現可能な結論にすべく、行動計画・実践的解決に導く。

④長時間の会議を避け、早い段階で時間割を決め、集中力を維持する。

⑤会議の結果をフォローし、実務への実行をチェックする。

決定事項を確実に実行させるように指導し、PDCA（計画・実行・統制・行動）により会議後のフォロー・追跡を怠らないことである。

A社の営業会議

A社の営業会議では「販売データによるとDとE地区の売上が低下し、他社にシェアを奪われている」という問題項目があがった。なぜこの地域だけ売上が低下したのか、ライバルが販売促進費を支給したという情報を分析。営業担当者の同行セールスを強化するとともに営業所長が月2日は販売店を巡回することを決した。その結果、売上が持ち直し、シェアを回復した。

会議は社内コミニケーションの重要手段

このように、**問題設定→問題把握→課題設定→課題解決→実績評価**というステップを、どのように実行するかが、営業会議を実効あるものにするポイントである。

そして大事なことは、リーダーたるチームマネジャーが、いかに会議の場で、情報、問題点を把握し、アイディアを吸収し、意思決定に役立てるかである。つまり、チームマネジャーにとって、自分の本来の責任と権限を再認識することも会議の効果である。

前述の営業会議の例でいえば、「所長が月2日は販売店を巡回する」という決断に導いたのは議長のリーダーシップによるものである。

ビジネスは、人と人とがコミュニケーションをとりながら目標達成を目指す活動である。組織内のあらゆる活動はコミュニケーションで成り立っている。会議はそのコミュニケーションの重要手段であり、目標管理・目標達成に重要な役割を果たす。チームワークとメンバーの自律的意欲を喚起する上で欠かせない。

28 業務マニュアルを活かす

業務マニュアルは自社のノウハウの結晶である。「業務マニュアルの必要性」については言を俟たないが、マニュアルはその企業のノウハウであり、教育訓練、業務効率化のためのツールとして不可欠なものである。

あるフランチャイズシステムの本部では、「わがグループの命はマニュアルである」「知的財産として10億円の価値がある」とさえ言っている。マニュアルはその企業の最新ノウハウの集大成と考えているのである。

業務マニュアル（以下マニュアルという）は、①業務効率化②教育訓練③人事評価などのツールとして実際に使われてこそ効果を発揮する。

「誰が」「何を」「どれだけ」「いつまでに」達成するのか、目標と基準を設定し、結果を評価することが必要である。

良いマニュアルは「教育訓練」と「評価」が連動しており、多くの会社が不可欠な経営ツールとして採用している。

業務マニュアルの目的

①社員教育・訓練のツールにする・・・社員の育成、戦力化に欠かせない。

②実績を評価するツールにする・・・・業績評価、人事考課に活用する。

マニュアルの内容は、**誰が、何を、いつ、どの順番で、どのくらい時間をかけて、どのように、いつまでに**というワークフローとステップを明文化することである。

これによって、仕事の重複、ムダな時間の節約、教える時間の効率化、仕事の熟練度の向上、成果の評価が客観的になるなど組織に一体感、コンセンサスが形成され、様々な効果が期待できる。特にパート就業者比率が高い企業では、業務分析をした上で、マニュアルでの標準化は必須事項である。

景気、市場の変動、競合状況など変化に応じて、マニュアルも改訂し、進化させていかねばならない。古くなったマニュアルは使えない。仮説―実践―検証―修正のサイクルを繰り返し、常に最新のノウハウを反映したものにしておくことが重要である。

パート社員の戦力化のための業務マニュアル

パート社員の戦力化を狙ったマニュアルは、「第1に会社の理念、販売・サービスの考え方が盛り込まれることと、第2に社内向けの教育ツールで役立ち、そして第3に商品知識を含めた、顧客満足度を向上させる、対顧客向けのツールとして役立つこと」が目的である。マニュアルを武器として、必要に応じて改訂し、ブラッシュアップすることにより、業務効率を高め、戦力増大をはかるわけである。

またマニュアルは、使わざるを得ない内容にしておくことが重要である。文字通り最新のノウハウを集約するものとしての権威がなければならない。そのためにはマニュアル改訂のシステムを確立し、現場からのアクション、問題提起、創意工夫（アイディア）を吸い上げる仕組みとすることである。

使いやすい業務マニュアルとは

いかにマニュアルを有効に活用するか、使いやすいマニュアルの要件を整理してみよう。

①現場主義で使う人・対象者が明確になっている。

②必要とする知識、技能・適性が明確になっている。

③育成・教育システムと連動している。

④業務別、基準（難易度）、用途別になっている（分冊でも可）。

⑤進捗状況がチェックできるようになっている。

⑥評価基準が明確で反映方法も考えられている。

⑦必要に応じて改訂アクションが起こせる。

現場起案を奨励し常に改訂する

以上の7項目を挙げたが、マニュアルはいつも未完成であるという認識を持ち、現場起案の奨励と共に、レベルアップのツールとして次の機会を有効に使って、改訂に取り組むことである。そして次の4つのステップで普及をはかる。

①インストラクター教育
②社員の教育訓練計画
③パートタイマー教育
④マニュアル改訂組織・体制

新しい知識、技術の習得は仕事の「やりがい」「楽しさ」につながる。「マニュアル」は仕事の幅を拡げ、1人ひとりの社員を成長させるツールと理解することである。

29 与信管理を徹底する

販売活動にはリスクを伴う。しかしリスクを避けることに重きをおけば、営業の活力が鈍くなる。積極的な営業を展開しつつ、リスクを事前にキャッチして、これに的確なプロセスで対策を実行することが、ライバルとの商戦に勝ち残るポイントである。

営業的視点に立ちながら、取引中に知り得る相手企業の経営情報や、自社が持っている取引データを駆使して、実施する与信・債権管理と与信限度の設定が重要である。

なおリスク保全策として、取引先との商取引上、取引事故など正常な取引を阻害する要因が発生した場合の対処の仕方から、得意先の再生、取引先の育成の観点から資金援助、M&Aなども検討課題になる。

継続的商取引（卸営業等）にあっては継続取引契約書に基づいて、得意先ごとに与信限度額（取引先の信用力を査定した債権総額の上限額）を設定して、その枠内に債権総額を収めるように出荷量や代金決済条件を調整する方法が取られる。

債権総額の変化にも対応が必要であり、得意先ごとの与信評価を行い、月別与信係数を設定する。一つの評価方法の例として、①業績履歴②経営力③担保力の3つの項目に区分し、それぞれの得点基準で判定する。

与信管理の基本ルール

与信限度額の設定方法は、業種、業態、自社の営業方針、さらには景気動向などにより、基準が変化することはあるが、与信管理には、次の3点の基本のルールが必要である。

①取引先の販売力
②担保・保証人など与信係数
③季節変動を考慮した季節係数

まず、与信限度額の第1の基礎となるのは、その取引先の販売力である。これはわかりやすく過去の実績や次年度の数量契約を参考に判断する。担保力や、資金力が仮に豊富でも、販売力以上の商品を出荷すれば過剰在庫により得意先の経営を圧迫し、双方の取引にとってメリットは何もない。第2に、販売力に見合う担保（不動産物件・補償金）の多寡である。なんらかの経営上の不安材料を抱えている場合は、与信限度額を厳密にしなければならない。その尺度になるのが定期的に行う与信評価である。

第3が季節変動を考慮した季節係数である。商品により、季節性が強く需要が活発な時期と、ほとんど売れない時期があるという極端なケースもあり、当然与信限度額も変化する。以上の3つの要素から、与信限度額設定の条件は、構成されると考えられる。

与信限度額の計算式

①年間契約高÷12＝月割り基準額

②月割り基準額×与信係数×季節係数＝当該月の与信限度額

与信限度額は前述のように得意先の販売能力（年間契約）をベースに設定されており、急激な売上伸長がなく、決められた取引条件を守っている限り、債権総額が与信限度額を上回ることはない。

与信限度超過の原因が、需要の伸長による取引高の増加にある場合は、期中においても、与信限度額の見直しを図るべきだろう。ただし売上の増加が、実際に消費者への販売（実需）に結び付いているかどうかを確かめることが重要である。

得意先が、販売力以上の商品を買い込み、社内在庫を増やした結果が、取引高の増加になっている場合は、当然のことながら、債権の圧縮を図ることが、正しい判断になる。

また、一旦設定した与信限度額であっても、財務内容や担保、連帯保証人などの状況が変わった場合は、期中でも変更することが必要となる。

30 リスク対策に取り組む

リスクマネジメントは経営活動の一環

企業が絶対・確実に成長できるという秘策はない。最近のシャープや東芝の例もあるように、環境の変化はもちろんのこと、突然襲いかかる災難、情報漏洩やコンプライアンス違反による信用低下など、様々なリスクが企業活動を取り巻いている。

またサイバー攻撃で、コンピュータに侵入して被害を与えるなど、犯罪行為も高度化してきた。外部からの攻撃を防御する情報セキュリティ対策は、情報化社会では、すべての企業・団体にとって取り組むべき経営課題になっている。

企業にとってリスクをゼロにすることは不可能であり、会社を存続させ、従業員を守るためには、「リスク管理」が必要であり、その方針を立て体制をつくることが欠かせない。

つまりリスクマネジメントは経営活動の一環として取り組むべき課題なのである。

「法令遵守」と「情報セキュリティ」は避けて通れない

そしてリスクマネジメントの中核となるのが「コンプライアンス（法令遵守）」によるダメージの軽減と「企業価値の向上」の2つである。

社内に法令違反を起こさないための「コンプライアンス体制」を構築し、しっかりと運用することが企業の責任である。単に法律や条例を守るだけでなく、その背景にある法の精神や社会規範全般、さらには社内規則や業務マニュアルなども含めた幅広い規則を遵守していくことである。コンプライアンスをリスクマネジメントの一種ととらえるならば、法令に限定することなく、より広範囲な規範に対応していくことが重要である。

リスクマネジメントは、大手だけでなく、中堅・中小企業にとっても避けて通れない課題となったのである。

もう一つ欠かせないリスク対策が、情報セキュリティである。サイバー攻撃を受けることを前提に、できるだけ被害を少なくし最悪の事態を免れるための防御体制が求められる。

そこで実施したいのが、継続運用できる情報管理の確立と内部統制である。正確な情報を確保し、不適切な人の手に渡らぬように情報の機密性を守ることは「情報セキュリティ」の基本である。

情報漏洩の原因は、不正アクセスやコンピュータウイルスといった外部からの脅威と、社員の入力ミスや不正持ち出しなど内部からの流失がある。外部対策としては暗号化や不正アクセス防止策に代表されるシステム面の整備、内部対策では管理体制、社内ルールの明確化や従業員の意識向上など、双方の対策を進めることである。

そして、情報セキュリティはＩＴ（情報技術）だから、システム担当者にすべて任せるというわけにはいかず、事業や業務プロセスに対するリスクマネジメントとして、経営者が積極的に関与していく必要がある。

その際、経営トップが留意すべきなのは、多層的なリスク管理と教育である。ウイルス対策ソフトを入れただけで安心せず、ネットワークやサーバ周り、不審なＵＲＬ(Uniform Resource Locatorインターネット上での情報の場所を指し示す、統一的な書式ルール）へのアクセス防御など、仮に一つを破られても次の段階で防御できるようにすることである。

従業員の教育・訓練が必要

その上で、大切なことが万一を想定した従業員への教育・訓練である。

情報セキュリティは従業員が情報漏洩の当事者になることを防ぎ、リスクを未然に防止し、会社に損害を与えないようにすることだから、確実に遵守できる内容にすることである。

従業員のミス（誤入力、紛失　等）、従業員の不正、コンピュータウイルス感染、外部からの不正アクセス対策など項目ごとに管理事項と対策事項を決める。

アクセス権管理の強化、監査の実施、入退室管理、基幹システムへの統制機能、アクセス制限、認証・不正アクセス防止、コンピュータウイルス対策などである。

また、社内ルールを整備し、単発のＩＴに頼らず、従業員教育・訓練を徹底することである。教育・訓練そのものが従業員への啓発となり、セキュリティ意識の向上が図れる。

教育・訓練では、万一に備え、原因の究明や組織間の情報共有、社内外への連絡など、より実践的な内容が望ましい。

第4章
競争優位のマーケティング

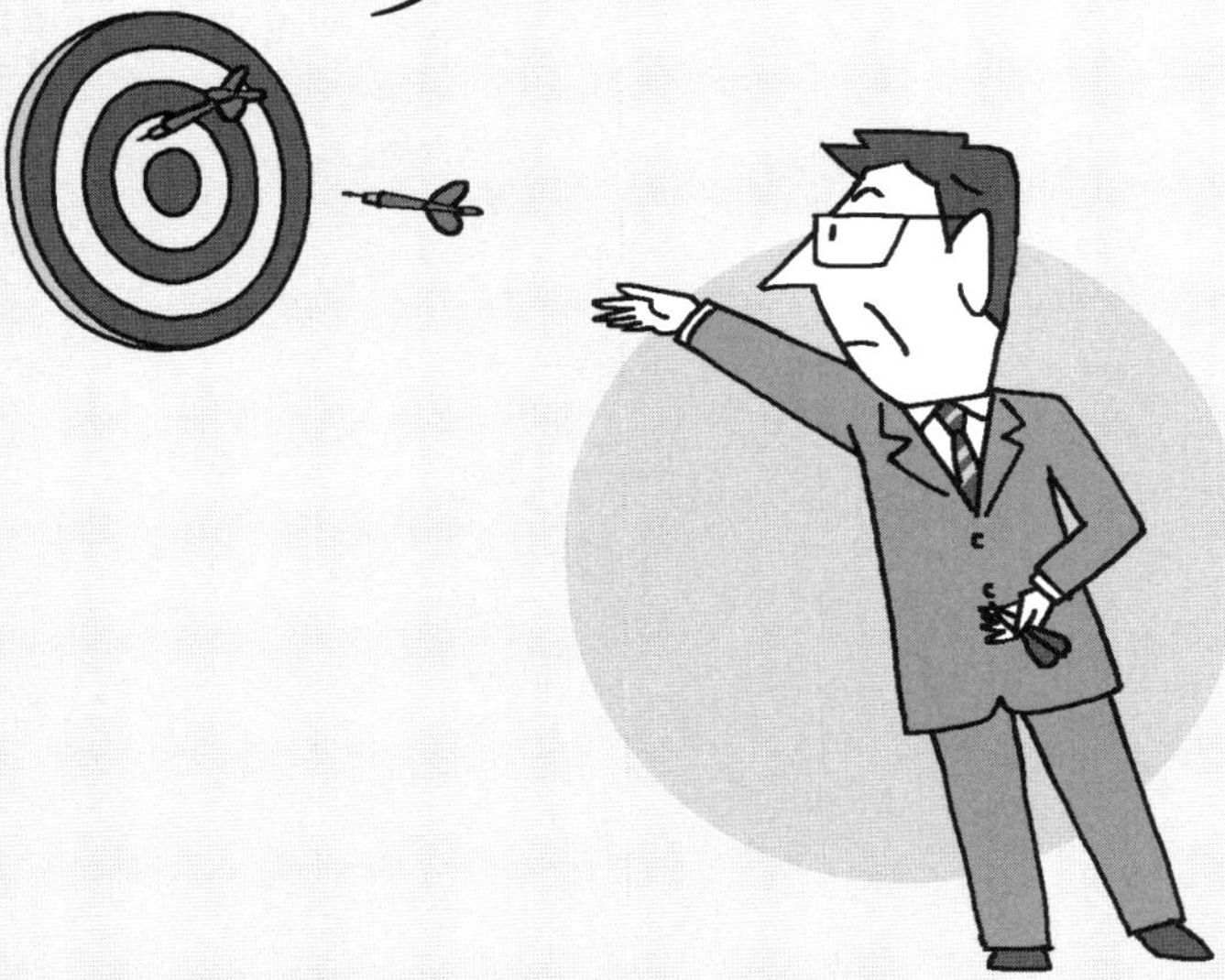

31 独自商品で顧客を創造する

経営規模の大小にかかわらず、新商品・新製品開発には、将来の成長を担う役割がある。顧客に対して、最大限の価値を提供し、コストを低く抑え、競合企業に対して優位性を確立するために、新商品・新製品開発が必要である。

そこで最初に重要なのが、何を開発し、（What）なぜそれを開発し（Why）どのように開発するのか（How）という3点から問いかけ、新商品・新製品のアイディアとデザインを固めることである。そして開発活動を開始した後は、自社だけで開発できない場合でも、決して断念しないことである。

それでは、どうすればいいか。不足している技術を買ってくるか、借りてくることが近道である。また外部へ委託、提携する道もある。持っている技術と不足している技術を、組み合わせるデザイン力で、開発を成功させるのである。

デザインを起点にビジネスモデル開発に成功した「東京スカイツリー」

最近、技術力を活かした製品開発の例で、特に目立ったのが東京の「スカイツリー」である。日本の優秀な技術が集約された傑作である。先進技術の粋を集め、高いグレードの構造安全性を確保しているという。

首都直下地震や東海地震、また、10分間の平均風速が70〜80メートルという500年に一度あるかないかの暴風も想定した構造設計となっている。今まである技術に、新しい技術を加えて、新規の製品を生んだわけである。スカイツリーのハイテクの技術構成は新技術2割、既存技術8割だという。

その成功の裏には最初の「アイディア」と「デザイン」にあった。その意味でスカイツリーの総合設計をした日建設計が最大の殊勲者であるが、デザインは地域の開発や施設の運用を含めた広義のビジネスモデルといえるものである。スカイツリーは技術力を集約して電波塔以外の機能、つまり、交通、ショッピング、観光事業という新しいビジネスモデルの開発という、デザインを起点にしたビジネス開発を実証した。

ニーズ志向とシーズ志向を組み合わせて顧客創造の新製品開発

さて、現在、多くの若い企業に注目されている製品開発の方法として、トヨタ生産方式に由来する「リーンスタートアップ」（アメリカの起業家エリック・リースが2008年に提唱した）の手法が注目されている。事業家の思い込みで顧客にとって無価値な製品やサービスを開発することを避け、時間、労力、資源、情熱のムダをなくすための方法である。最低限のコストと短いサイクルで仮説の構築と検証を繰り返しながら市場やユーザーのニーズを探り当てていく方法に特長がある。

　この方法で効果的なのは、単に消費者ニーズだけで考えないことである。この「ニーズ志向」は、消費者の求める商品の機能を追求したり、問題を解決するような新製品や新規事業を生み出すことをいうが、それだけではだめで、企業側が持っている技術や材料、デザインをあらかじめ情報として公開する「シーズ志向」をとることである。

　つまり、新しいアイディアを出し、新製品や新規事業を生み出すアイディアとヒントを企業側が用意することである。このニーズ志向とシーズ志向の両面から、製品に必要となる技術を、適切なタイミングで利用可能にし、製品のコンセプトから製品化まで短期間で成し遂げることである。

　したがって、新製品開発のステップは図8のように、市場・顧客ニーズを前提に研究開発と市場探索を同期化し、ニーズ志向とシーズ志向を組み合わせ、問題があれば前のスペックへ戻り、流れを逆流させながらデザインを固めることである。需要創造、顧客創造の新製品開発はこうして実現する。

　結論として製品開発のねらいは、技術革新をともなう**「顧客の創造」**にある。このことは東京スカイツリーの成功から読み取れるし、デザイン力が要となることは間違いない。

図8

32 適正な商品政策で競争力を高める

消費者の欲求に適合するような商品を、適正な数量・価格で、適切な時期・場所に供給する企業活動が欠かせない。このような活動のことをマーチャンダイジング（merchandising）というが、「商品政策」「商品化計画」のことである。

簡単にいえば、マーチャンダイジングは「顧客ターゲットに対し、何を、いくらで、どのように提供するか」を決定することである。つまり顧客志向、需要に適合した仕入・在庫政策を決定することが中心テーマになる。

そして、ハード・ソフト・サービスを含めた販売形態、製品の組み合わせ（製品ミックス）を決定することがポイントになる。最近、耐久消費財を中心に、モノ（ハード）を主体にした商品政策ではなく、ソフト、サービスといった利用技術が競争を左右する時代に移行している。消費者のコンセプトが変化することを前提に、顧客情報をいかに正確にキャッチするか、販売時点情報（ＰＯＳ）やクレーム情報を使って、ワン・トゥ・ワン・マーケティングで、個別対応での情報収集が重要になった。

そして受発注システムをいかに連動させるかも商機を逸しないためには必要になる。

そのためには、次の６つの「適正な仕入政策」が肝要である。

6つの「適正な仕入政策」

①適正な商品を・・・・・売れる商品を
②適正な数量だけ・・・・・売れる商品を品揃え
③適正な価格で・・・・・売れる価格帯で
④適正な時期に・・・・・売れる時期に（流行・季節品）
⑤適正な仕入先から・・・・信頼度・価格・納期・センス
⑥適正な展示陳列・・・・品揃え・販売促進

商品のライフサイクルが短くなり、新商品の導入時期も早くなったため、衰退期になる前に売り切るかどうか、見切り販売のタイミングが大切になった。

6つの適正さのうち、どこかに狂いが生じたり、判断を誤った場合には、価格改定、特別価格の設定、販売促進具体策などのアクションを常に考えておく必要がある。

視覚効果を狙った「ビジュアル・マーチャンダイジング」

最近注目されているのが、⑥適正な展示陳列による品揃え（仕入・在庫）の決定である。その際、商品の視覚的印象を重視する販売方法、店舗、商品演出が重要になる。商品のサイズ、価格、スタイル、色など外見を、店頭広告など視覚に訴えて演出し、消費者の購買意欲を高める販売促進策である。

このように視覚的に訴求しようとする手法を特に「ビジュアル・マーチャンダイジング」(略称：VMD=visual merchandising）という。

商品陳列の視覚効果を狙ったビジュアルプレゼンテーションはその一つである。小売業にとっては店舗陳列と在庫品揃えは販売促進策（プロモーション）の中核となる幅広い内容と活動を含んでいる。店舗の統一コンセプトに基づき、品揃えや店舗デザイン、プロモーション、陳列方法などを連動させ、顧客の視点に立った見やすく買いやすい売り場を総合的に作っていくことがねらいとなる。

関連商品を一緒に並べる「クロスマーチャンダイジング」

顧客が買いやすい展示方法に関連商品を同じ売り場に並べる手法にクロスマーチャンダイジング（Cross Merchandising）がある。

スーパーマーケットなどで異なる種類の商品を組み合わせて、同じ売り場で売っているのを見かける。例えば、チーズとクラッカー、枝豆とビールの組み合わせなどである。

一般的に商品は、同一種類のアイテムを並べて展示するが、商品の使用される生活シーンに合わせて、その関連商品をまとめて同一の売り場に展示するわけである。

顧客にとっては各売り場をすべて回る手間が省けて便利であるが、店舗側にとっても「ついで買い」で購入してもらえるので、客単価の向上が期待できるメリットがある。

このように顧客は便宜性を求め、欲しい商品の品揃えを要求している。

一方、店舗側は、ＰＯＳやコンピューターによる情報システムが高度化し、品揃え、棚割り、仕入発注、などを自動的に行うシステムが開発され、運用段階に入っている。

33 客数が増えなくても売上を増やす

ソフト（利用技術）と顧客サポートでライバルに勝つ

「この製品は優秀だから必ず売れる」と思った製品が、なかなか売れないケースは度々ある。商品としての機能や性能が高くても、価格が高すぎたり、サービスやサポートが行き届かなくては売れないし、リピートオーダーがないのである。

耐久消費財など製品競争力は別な角度の訴求力が必要なのである。それは製品だけでなく、ソフト、サービスを加えた3つの側面から総合力で、顧客に対して訴求するわけである。ライバル会社（店）への競争力を維持し、上回ることができるのは、むしろ利用技術（ソフト）ときめの細かいサービスやサポートがポイントなのである。

顧客シェアを拡大する「ワン・トゥ・ワン・マーケティング」

それから、顧客を一律に考えてはいけない。顧客は一人ひとりが異なるという原点に立って考える必要がある。つまりワン・トゥ・ワン・マーケティングの展開である。

高度成長期のように、すべての顧客に同一規格の商品やサービスを提供する大量生産、大量消費型のマスマーケティングの方法ではなく、食品、衣料品、家電、住宅などの一般消費財を含めた商品やサービス全般にわたって、単なるマスとして見るのではなく、個別対応を念頭に置くという基本的な考え方を持つ必要がある。

このように、顧客が一人ひとり異なるという考え方に立ってマーケティング戦略を立てることは、大量生産・大量消費のマーケティング時代の「市場シェアの拡大」戦略とは異なる発想の転換が前提になる。対象とする顧客の質が一人ひとり異なり、格差があるという市場では、同一の商品やサービスをすべての顧客に提供していくことは通用しない。

つまり「市場シェアの拡大戦略」ではなく「顧客シェアの拡大」という考え方をとるマーケティングが望ましいのである。

「市場シェアの拡大戦略」では、市場の顧客すべてを対象として、できるだけ多くの顧客にできるだけ多くの商品やサービスを購入してもらうことが目的であった。しかし、「顧客シェアの拡大戦略」では自社の商品やサービスを購入した一人ひとりの顧客が、いかなる時でも他社の商品やサービスではなく、自社のものを確実に購入してもらうことをめざすのである。そうすれば「**顧客が増えなくとも売上は増やせる**」のである。

この個別マーケティング「ワン・トゥ・ワン・マーケティング」は、顧客が自社の商品やサービスを生涯にわたって購入する金額（顧客の生涯価値）を念頭において、この購入額に占める自社の商品やサービスの割合を高めていくという考え方である。

つまり客単価と購買回数で勝負するわけである。

販売高 ＝ 顧客数 × 客単価（顧客一人当たりの平均売上高）

例えば、ある顧客の海外旅行への出費予定額が５００万円であれば、その中で自社の観光商品、個別商品を設計して、少なくとも60％の３００万円を占めることを考えるのである。

対象顧客を絞り込む

このように、今日は多くの人を対象に規格化された商品やサービスが大量に販売される時代ではなくなり、顧客個人の嗜好に合った商品やサービスを個別に供給する時代になったのである。したがって、顧客に対して新たに商品やサービスを開発して提供していく場合には、自社の商品やサービスを受け入れてくれる顧客が誰であるかを明確にし、最初から対象顧客を絞り込んでいく必要がある。

今の顧客はシニア層も含めて、生活スタイルが多様であり、格差が大きいのが特徴である。このような特徴を考慮すれば、顧客に対しては、市場シェアの拡大よりも、顧客シェアの拡大の方が効果的な戦略であることは明白である。そのために顧客とのより良い関係づくりをどう進めるかがキーワードになってくる。企業の提供する商品やサービスの質が高くなければならないことはいうまでもない。つまり、企業の提供する商品やサービスのタイプやコンセプトを明確にし、顧客満足度を最重点に考えることが肝要である。

34 自社商品（製品）の魅力を明確に伝える

長期的に利益を出し続けている優良企業は大方、安売り、価格競争に巻き込まれていない。「ブランド」と呼ばれるように競合他社よりも、高い価格で質の高いサービスを提供しているところがほとんどである。企業が順調に業績をあげるには、少なくとも、この商品力を強くすることである。つまり商品コンセプトで勝負することだ。

ここでいう商品コンセプトとは「何を主張（テーマ）した商品なのか」ということを顧客に明確に受け止めてもらうことである。この製品はこういう特徴があり、こういう顧客に提供し、利益を与えることができると、明確に訴求点を持っていることである。つまり、「自社商品の魅力をどのように訴えるか」の骨格となる概念を決め、その利点、特徴を明確にすることである。

特徴とは、こだわり、工夫したこと、他社がしていないことなどの差別化要件である。たとえば、「同じ１５００ＣＣクラスの車に比較してガソリン消費量が30％少ない」というのも一例であるが、価格対機能・性能比つまりコストパフォーマンスで差をつけることが決め手になる。

さて、商品コンセプトは商品計画の根幹であり、出発点である。ビジネス成功の最大のポイントは顧客創造と顧客満足度の視点から商品コンセプトを明確にすることである。

そして、同時に対象顧客を明確にすることが大切である。顧客は商品やサービスを買うのではなく、そのベネフィット（便益）を買うわけであるから、顧客の購買心理、行動を知り、競争相手と比較し、顧客満足度で優位性を保持しなければならないからである。

FABEの視点で客観的に評価する

そのためには、次の4つの視点で商品力を客観的に評価し、劣っているものがあればその補完策や、対応策を講じなければならない。

①**特徴**（Feature）・・・・いかなる特徴があり、競合商品と差別化できるか
②**利点**（Advantage）・・・コストパフォーマンス（価格対性能比）の利点は
③**便益**（Benefit）・・・・顧客にどのような便益を与えることができるか
④**証拠**（Evidence）・・・裏付ける証拠は実証できるか

顧客に提供する価値を伝え、証拠を示す

中小企業庁の調査によると製品力の評価では「製品の独自性」や「研究開発力」が上位を占め、次に「品質・精度」や「価格」、「短納期」の順になっている。

そこで留意すべきなのは、自社の商品の良いところばかりに目を奪われ、その商品を使

う顧客に対し、どのような価値、機能を提供しようとしているかの配慮が足りないことである。顧客満足度を知りつくし、そしてその証拠を示すことができれば訴求力は倍加するのである。自社商品の魅力を訴えるセールスポイントはこの①～④で決まってくる。

対象顧客の欲求を知ることが出発点

どんな商品コンセプトでも、売れなければ意味がない。トヨタのプリウスという車は、「資源」と「環境」というコンセプトを忠実に追求して、ハイブリッドカーの開発につながり、ヒット商品になった。そして政策面でも商品デザインや販促物デザイン、ネーミングは、商品コンセプトに沿って、一貫してぶれがなかった。このように、売れる商品になったのは、そのコンセプトが顧客に理解され、より便益と満足感を与えたからである。

また、商品によっては、対象顧客が違えば、欲求が違い、反応するコンセプトも変わってくる。男女別、ヤング層、シニア市場、対象顧客がどんなニーズやウォンツ（商品やサービスへの欲求）を持っているのか、そこから考えてみる必要がある。

特に、シニア（高齢者）マーケットは最有望市場といえるだろう。「食」関連の分野でいえば、「健康」「安心・安全」「少量・多品種」「こだわり」のコンセプトを受けて、当然「食」のマーケットの商品企画を考え変えなければならない。次に、その商品の競争力を発揮するためには、次の3つのポイントから考える。

①誰に、②何を、③どのように・・・売るのか、

特に最近では③との関連で、どのように顧客のニーズを満たすのかという利用技術が重視される。この点を明確にして確固たる「ビジネスモデル」を確立することが重要である。

35 Ｗｅｂマーケティングで差をつける

Ｗｅｂマーケティングの台頭により従来の競争環境は破壊され、これまでとは全く異なる新しい企業戦略が必要な時代となった。Ｗｅｂマーケティングとは、ＷｅｂサイトやＷｅｂ技術を応用したマーケティング手法のことである。

インターネットの普及により、その双方向性、優れた検索能力を活かして、企業のマーケティング戦略が進化し、販売活動にも革新性をもたらした。

このことにいち早く気づいた企業は、ホームページを立ち上げ、Ｗｅｂに広告費をかけ、専任スタッフを雇用し、さらには外部機関に運営委託をするなどの処置をとって時流に適応しようとしているわけである。

しかし、Ｗｅｂマーケティングは規模の大小に関係なく、自社サイトを核にしてさまざまな手法、施策が実行できる。企業の事業内容が多岐にわたるため一概には言えないが、このＷｅｂマーケティングの内容には、自社サイトでの商品・サービスの宣伝広告、Ｅコマースともいわれるが、Ｗｅｂサイトで展開する商取引活動（電子商取引）、Ｗｅｂサイトを窓口とした顧客との継続的な双方向の情報交換、消費者参加型の商品企画イベントの開催、また、事業内容に関連する市場調査やマーケティングリサーチなどがある。

今や、Ｗｅｂサイトやｗｅｂ技術を応用することにより、企業間の受発注システムであるＢtoＢ、企業対消費者間でのＥコマースであるＢtoＣは、新たなビジネスモデルとして定着している。業界によっては、市場を制覇している例もある。

このようにＷｅｂマーケティングは、消費者への自社ブランドの印象付けや、顧客ロイヤルティの獲得、リピータ確保などに効果が高く、うまく使いこなせば他メディアより低いコストで極めて高い営業効果を得ることができる。

Ｗｅｂマーケティングの効果的な運用ポイント

次にＷｅｂマーケティングの特徴と効果的な運用ポイントを述べよう。

①効果測定の数値化

Ｗｅｂマーケティングで目標とすべきなのは、「顧客や市場の創造」であり、マーケティング施策の効果や費用などをすべて数値化することが可能である。たとえば、サイトが閲覧される回数であるページビュー、サイトを訪れるユーザー数、最終購入者、売上金額などで、検証をすることができる。

②迅速なコミュニケーション

Ｗｅｂマーケティングには、新製品、価格変更、種々の販売促進など、企画決定から実行まで時間をかけず、スピーディーに伝達することが可能である。そして双方向コミュニケーションにより、消費者の反応や要望をすばやくキャッチ、軌道修正や次のアクションを可能にする。

③コストパフォーマンスを高める

Ｗｅｂマーケティングは、コストパフォーマンス（費用対効果）を高める効果がある。そして、ホームページを立ち上げ、自社サイトを核にして、極小規模から始めることが可能である。予算の少ない企業でも、効果の出やすい施策から開始できる。例えば自社サイトとメールで、ターゲット一人ひとりを対象として施策を行うことができる。その結果、無駄が少ないため、従来の手法よりもコスト効率がよいと言える。

④消費者へ個別アプローチ

Ｗｅｂマーケティングでは、本当に必要な情報を消費者一人ひとりに提供することがねらいであり、それにより個別の顧客のニーズにきめ細かく対応することで、顧客の利便性と満足度を高め、顧客をリピーター（常連客）として育成することができる。

このように、Ｗｅｂマーケティングにより、従来の競争関係、これまでの商圏の概念が薄まり、非常に幅広いエリアに低予算でアプローチすることが可能となった。つまり今まで劣勢だった企業が、一気にトップ企業になれるチャンスが到来したわけである。

36 必要な時に必要な物を必要なだけ供給する

これまでは、どのように商品を流すかを考えてきたが、ロジスティクス（戦略物流）においては、その前に流通過程全体において商品在庫をどう配分するかというきわめて戦略的な「在庫バランス」を先に考える。最終消費者から遡って、小売、卸問屋、メーカーの戦略的な在庫バランスである。それぞれ在庫を独自の判断で決めるのではなく、流通過程全体で最適な在庫量になるよう調整するわけである。

冷蔵庫に入れたまま調理せずに消費期限が過ぎてしまった食材を捨てることになり、実にもったいない思いをしている人は多い。商売のヒントと改善点は冷蔵庫の中にある。不要なのにもったいなくて捨てられない、不良な在庫が結構あるものである。冷蔵庫の在庫確認をすることと同じで、ある小売店は毎日棚卸ししている。今日は何をどれだけ売るかを考え、そして仕入にも反映させる。在庫コントロールはコンピュータ万能ではないのである。

また、大きな市場で不特定多数の顧客に対して大量販売をしようという場合は、松下電器産業（現パナソニック）の創業者・松下幸之助が提唱した「水道哲学」が参考になる。水道の水のように安価ですぐに手に入るものは、生産量や供給量が豊富であるという考えから、商品を大量に生産・供給することで価格を下げ、人々が水道の水のように容易に商品を手に入れられる仕組みをつくる。という考え方である。流通経路では、途中に何カ所もの水を貯める施設（配送センター）があり、そこで水の流れを調整する。下流から上流に向けてネットワークはつくられていくのである。

また、確かにロジスティクスは高度な情報システムによって管理された物流であるが、一方で棚卸のように目で見た管理も欠かせない。一般企業の在庫管理も冷蔵庫の在庫管理と同じなのである。過剰な在庫は思い切って捨てるしかない。

そこで効果があるのが、トヨタの生産方式、「**改善**」の原点である**5S**である。

5S活動で現場を改善する

5S（整理、整頓、清掃、清潔、躾）は誰でもわかる言葉であるが、意外に実行と、継続がむずかしいのである。

整理・・必要な物と不要な物を区別することである。必要な在庫と不要な在庫を区別し、不要な在庫は早期に処分するよう別管理にする。

整頓・・必要な物をいつでも使用可能な状態にしておくことである。資材を保管場所で、品目ごとの量が分かり、すぐ手に取れるような所に置く。在庫品の確認などが目視などで容易であることもポイントである。

清掃・・汚れのない状態にすることである。イコールすぐ使える状況にすることである。

清潔・・整理、整頓、清掃の行われている状態をいう。目で見る管理が可能になっている状態である。

躾・・・ルールなどを守り、継続するということである。全員がそれぞれの責任をもって行動している状況。

なお「5S活動の効果的な進め方」については「49」で詳述する。

ロジスティクス思考を販売管理にも反映させる

ロジスティクスの原点は「必要な時に、必要な物を、必要な量」だけ供給することである。生産管理だけでなく、販売管理にも「改善」や「カンバン方式」を反映させることがポイントである。

今や製造業、小売業、サービス業、金融業、不動産業など、さまざまな分野で、ロジスティクス思考が必要になった。それは、企業活動の柱となる経営戦略を、物流との関係しには構築できなくなったからである。もう一度、整理すると、ロジスティクスとは需要に対し、調達、生産、販売、物流の供給活動を同期化させるためのマネジメントである。

仕入商品については、完全な受注生産や予約販売などの場合を除き、一般的には在庫が必要になる。しかし販売チャンスを逃さないため、ある程度の在庫は不可欠と考えると改善は進まない。日用品以外の耐久消費財であれば、客を待たせた方が得であると説得するのも親切な売り方である。在庫は資金的な負担にもなるし、保管コストもかかる。また、物理的な損傷の可能性や、陳腐化等による売れ残りのリスクなども、費用の増加要因である。値引きの財源を作りだし、それを顧客に還元するのも一つのやり方である。

37 サプライチェーンマネジメント（SCM）を導入する

企業経営において、今までの物流にマーケティングを含めた概念として、ロジスティクス（戦略物流）の重要性が高まってきている。これまで物流といえば、企業の営業や販売を、後方で支える裏方のイメージであった。しかし、今やロジスティクスは企業の販売戦略を具体的に実行するものである。そして自社だけの物流だけでなく、流通過程全体を対象として、流れ（フロー）を管理する段階に入った。

顧客が求める商品、買ってくれる商品を必要な時に確実に品揃えし、即納できるようにするのが理想である。基本的には多品種、小ロットでしかも納期をいかに短縮するかがポイントになる。

在庫リスクの最小化をはかる

ロジスティクス（戦略物流）で、即効性があるのが、ＳＣＭ（サプライチェーンマネジメント）による企業間連携の情報共有化である。ＳＣＭとは製品が生産されて消費者に納品されるまでのサプライチェーン全体の在庫をコントロールして、販売機会の最大化と在庫リスクの最小化をはかるシステムのことである。参加するメーカー、卸、小売など企業の枠を超えて、情報を共有化することにより、在庫過剰、需給ギャップ、業務の非効率を解消することにより、加盟各社の利益、キャッシュフローを最大にするのが目的である。

ＳＣＭの中で自社がどのような役割を果たせるかを考えるわけである。一社、または一部門では最適なやり方であっても、全体を通してみれば最適なシステムとはいえないということがある。ＳＣＭでは「部分最適」な仕組みを排し、あくまで全体にとって最適な仕組みを考えるわけである。

ＳＣＭの構築にあたっては、原材料の調達から生産・販売までの全体の流れを検討するため、部門や企業の壁を超えた大企業と中小企業間の連携や、前提となるデータベースの共有化など情報、通信でのシステム化が重要な検討事項である。

購買 → 生産 → マーケティング・販売 → サービス → 物流・納品

図にある5つの主活動すべての工程において、ＳＣＭとロジスティクスは、密接な連鎖関係がある。その結果、リアルタイムに近い受発注システムを確立している企業は確実に増加している。このことはとりもなおさず、在庫滞留のムダを排除することを意味し、欲しい商品だけの品揃えを可能にした。つまり、一切のムダを排除することによって、商品ロスをなくし、第3の利益を追求することができる。

ＳＣＭを導入し、本格的に軌道に乗せることができれば、在庫は半減するかも知れない。

川の流れのように、流れを詰まらせないことだ。ＩｏＴ、インターネットのインフラが整備されるに伴い、販売時点情報（ＰＯＳ）を使い、売れるものを確実に仕入、生産し、物流に結びつける販売管理システムも一段と在庫効率を高めることができる。

在庫減、売上増は第3の利益をもたらすのは事実であるから、適正在庫を変動的に考える必要がある。リードタイム日数は情報通信技術（ＩＣＴ）の活用やＩｏＴの活用で、競争激化による企業努力でどんどん短縮している。受注、生産、出荷、配送などの期間も以前とは較べようがないくらい短くすることが可能なのである。

また、仕入政策の変更や、コスト低減、仕入方法の変更などが可能になった。

そして、仕入計画の策定にあたっては、まず、第一に売上状況に注目する。売れる物を仕入れるのが基本だからである。ただし、売れ筋商品の変化が激しく、現在の主力製品がいつまでも続くとは限らない。次の売れ筋、伸長製品を把握することもロジスティクスの役割である。

38 顧客クレームをサービス向上に活かす

一般にいわれているサービスとは無料や値引きを指すことが多い。しかし消費材の物販業、ホテル、飲食店などのサービス業はともかく、耐久消費財、情報機器などの商品はハードだけでなく、ソフト、サービスが一体としてユーザーに供給され、サービスは無償だけでなく有償サービスの方が比率は高い。自動車でも定期点検、車検など無償サービスだけでなく、有償サービスがある。

このように目に見える物的サービスだけでなく、「丁寧」「安心」「便利」「快適」「スピード」といった精神的サービス、顧客満足度を高めるサービスである。

一般販売業で接客サービスの基本と言われるのが、次の３Ｓである。

①**笑顔（Smile）**
②**迅速さ（Speed）**
③**誠意（Sincerity）**

そして、顧客に感動を与える「おもてなしの心」は欠くことのできない要素といえよう。

顧客の欲求に対応できればサービスの有料化も可能

また、ブランド化などで顧客の分類が進み、リピート顧客が確実に増加していても、顧客の欲求は多元的であり、継続した付加価値の追加を求めている。サービスの本質は「提案力」「企画力」「情報力」をもって、新たな感動と革新を提供することである。

シニアマーケットは確実に需要が増加しているが、例えば「食」関連市場で「健康」「安心・安全」「少量・多品種」「こだわり」のコンセプトをもって、プライベートブランド、宅配配送サービス、家庭での買い物といった商品企画、情報提供、提案が成功している。

このように顧客が求めている欲求に対応できれば、サービスの有料化を促進することが可能になる。そして、サービスはアフターサービスだけではない。ビフォーサービスで先行した企画が顧客満足度を高め、差別化につながる。

クレームはサービス向上の源泉

これによってクレーム（苦情）に対する先手の対策を講ずることができる。クレームはサービス向上の宝であり、常にプラス志向で前向きに取り組むことだ。

クレームを嫌う企業は多いが、減点主義のシステムでは、クレーム対策が後手になり、顧客の離脱を招くばかりか、マイナスのクチコミにより新規顧客の開拓も難しくなる。その対応を誤ると企業として存続さえむずかしくなるほど重要である。

誠心誠意、スピーディーに取り組み、クレームなど顧客の不満を改善に活かすことがポイントである。クレームには新商品開発、新サービス開発のヒントが潜んでいるからである。

積極的に「顧客満足調査」を行い、不満を前向きに収集する姿勢が望ましい。

クレームへの対応策

クレームへの対応として、次の３つに分けて取り組むべきである。

①既に発生したクレームへの対応

スピーディーに誠意をもってあたる。顧客の不快感、怒りといったマイナス感情の解消を第一に、十分な知識と理論の武装が必要であり、話し方の工夫も大切である。

②今後クレームが起きないように対策を立てる

平常時より顧客の苦情に耳を傾け、マイナス感情を早めに対応し、クレーム発生を防止する。要因を整理、分析、解決策を準備する。

③クレームを活用し、新商品、新サービスの開発につなげる

明らかに改善した新商品、新サービスを開発、販売し、顧客満足度を高める。また商品企画、ビジネスモデルにつなげる。

ここで、注意を要するのは潜在化したクレームである。それを早めに顕在化させるには、不満足調査、アンケート調査により、「顧客からのヒント」を大事にすることである。販売単位、過大包装、品質保証など販売者側の気がつかない隠れたクレームは多い。そのクレームを既存商品の改良と新商品・サービス開発、新システムの導入に活かすのである。

39 フランチャイズで失敗しないように留意する

フランチャイズとは、事業者（「フランチャイザー」と呼ぶ）が他の事業者（「フランチャイジー」と呼ぶ）との間に契約を結び、自己の商標、サービスマーク、トレード・ネームその他の象徴となる標識、および経営のノウハウを用いて、同一のイメージのもとに商品の販売その他の事業を行う権利を与え、一方、フランチャイジーはその見返りとして一定の対価を支払い、事業に必要な資金を投下してフランチャイザーの指導および援助のもとに事業を行う両社の継続関係をいう。両者は独立した事業体であり、フランチャイザーは本部事業者またはＦＣ本部、フランチャイジーは加盟事業者・ＦＣ加盟店と言った方がわかりやすい。そして法的には中小小売商業振興法などによって規制される。

まず、ＦＣ加盟店の立場で、フランチャイズで失敗しないためにはどうすればよいか考えてみよう。

加盟にあたってのチェック事項

事業家自身が選択した業種分野で自分のイメージしたビジネスに合致している本部を選ぶことが大前提となる。加盟候補のＦＣ本部を選んだ後、加盟契約の前にしなければならないことはフランチャイズの本部が作成している資料や契約書を必ず確認すること、またフランチャイザーの財政、損益面を時系列で調査し、安心性を確認することでる。

①損益面のチェック

初期投資額、標準モデルの売上高、粗利益、人件費、賃借料1人当たりの粗利益、オーナー、家族の人件費をチェック。

②加盟店の義務

ロイヤリティーの基準、設計指定、本部指定の備品、研修の義務、開店までの準備期間、費用、本部からの仕入義務、会議への出席義務、競業禁止の義務など。

③本部の支援の内容

スーパーバイザーの活動支援の内容、販促ツール、ＰＯＰなど本部からの提供される備品、消耗品など。人員派遣、パート派遣などの支援の有無。

④契約解除

通知期間、途中解約、違約金、機密保持、競合禁止の規約など。

関係者の話を聞き、本部と面談を重ねる

次に加盟側が負うべき義務を確認し、少しでも不明瞭な点やデータの整合性について、実際に本部や複数の加盟店を訪問し、関係者に会って、実際に話を開くことが不可欠である。特にロイヤリティは収益に直接影響するので、ノウハウ料など基準をよく理解し、納得することである。また本部スタッフやオーナーとの面談を重ねるとフランチャイズビジ

ネスの長所、短所が見えてくる。仮に問題点があれば、自分が事業家であり経営者であるとの自覚をもって判断することである。フランチャイズは開業で終わるわけではない。本部に加盟しても、計画通り進行するとは限らない。最初の1年から2年は大変な努力が必要になる。加盟することが自分の目標に合致し、パートナーとしてフランチャイジーと協調できるかどうかがポイントである。

FC本部の留意点と課題

流通サービス業といわれる小売業、外食産業、サービス業の中で、唯一発展しているのが、フランチャイズシステムである。しかし、その本部の良否による格差は大きく、課題も多い。本部には次のような問題点が見られる。

・チェーンの伸びに比例して1店当たりの業績が伸びていない。
・店舗名、イメージ、ノウハウ、システムなどFCパッケージが不十分。
・当初の計画売上高に達するまで時間がかかり、未到達店も多い。
・本来の事業拡大のねらいの目的が変わってきたが、加盟店があるため、撤退できない。
・加盟店経営者、立地調査、競合店調査が不十分。
・スーパーバイザーの加盟店に対する指導が不足している。

加盟前の説明と実際の差異が大きいとのトラブルもあり、本部の機能充実が課題である。

40 説得力のあるプレゼンテーションをする

プレゼンテーション（presentation）とは、情報伝達手段の一種で、相手に情報を提示し、理解・納得を得る行為をいう。略してプレゼンとも呼称される。

その目的は、単に資料を説明することではなく、相手にアクションを起こさせることである。したがって、内容を詰め込み過ぎたり、必要以上に長過ぎたりするのは感心しない。相手をいかに次の段階へ導き行動させるか、聞き手の理解を得ることであり、言い換えれば「伝える技術」を磨くことである。

それでは、相手の注意を喚起し、興味を沸かせ、理解させ、同意を得て行動を起こさせるにはどうしたらよいか。そのためには相手をよく分析し、伝えたい内容を分かりやすく組み立て、最も効果的な伝達の仕方と場所を選んでプレゼンテーションを行うことである。

プレゼンテーションの進め方

それでは説得力のあるプレゼン術を筆者の経験から挙げてみよう。

①相手の選択でシナリオを組み立てる

相手を説得しようとすると、どうしても自分理屈が優先するが、自分が話したいことと、相手が聴きたいことは必ずしも一致しないし、話したい順番と、相手が聴きたい順番も異なる。そこで第1は、一つだけのアイディアではなくA案、B案、C案を用意して、その中でお勧めの案を説明したほうが説得しやすい。つまり、相手から選択させて本論に入っていく。それによって、プレゼンの最終的な目的が達成される。

第2は、プレゼンの目的と範囲を絞り込み、メリットだけでなくデメリットもあげ、「それはこういう方法でカバーできる」と説明した方が、説得力がある。要は相手の納得を得ながらシナリオを論理的に組み立てることである。

②FABEで説得力を高める

顧客に対して、特徴・利点・便益・証拠の順に話を進めると説得力が高まる。

①特徴（Feature）・・・機能や競合製品と差別化できる特徴を説明する。
②利点（Advantage）・・コストパフォーマンス（価格対性能比）の利点・優位性を示す。
③便益（Benefit）・・・顧客にどのような利益や価値を個人・組織・社会にもたらすか。
④証拠（Evidence）・・便益を実証する証拠を示す。

このような話の仕方をFABEトークというがプレゼンのツール作成もこの順で進めると説得力を高める。

顧客は商品やサービスを買うのではなく、そのベネフィット（便益）を買うわけだから、顧客の購買心理、行動を知り、競争相手と比較し、顧客満足度で優位性を保持する必要がある。このＦＡＢＥの視点で商品力を客観的に評価し、劣っているものがあればその補完なり、対応策が必要になる。

③説得力のあるプレゼンテーション資料を用意する

プレゼンテーションの場では、PowerPointなどで作ったスライドを見てもらいながら、ダイレクトに相手とコミュニケーションをとることができる。

最も説得力があるのは相手のメリットを中心に構成されたスライドである。良いコミュニケーションをとるためにも、まずは相手が何を知りたいのか、相手視点で資料作成を行っていく必要がある。

ＦＡＢＥの手法でいえば「あなたにはこんなメリットがある」その証拠（裏付け）は、〇〇である。例えば、相手がコストを重視している場合は、メリットは「低価格〇〇円で提供します！」であり、スピードを重視している場合は「受注後3日で納入します！」となる。ずばり、相手が何を求めているかを注視し、それを満たすものをメリットととらえ、提案していくわけである。

このようにプレゼンで、相手に納得してもらうためには、「相手の利害と一致していること」「シナリオが論理的であること」「聞き手が行動を起こしやすいこと」の３点が欠かせない。その意味で、３点の要件を揃えたプレゼンテーション資料とスライドなどの演出が欠かせない。

41 CRMで顧客情報を一元管理する

企業が収益を上げるための方法は、大きく分けて2つしかない。1つは「コスト削減」、そしてもう1つは「売上高のアップ」である。これまで企業の情報システムは、主に業務効率化や人件費の削減になど専ら前者の「コスト削減」につながるものがほとんどであった。しかし、これからは「売上高のアップ」のためにICTをもっと活用すべき時代になった。

その代表選手がCRM(Customer Relationship Management)である。CRMとは、顧客や商談に関する情報をシステムで一元管理し、それらを従業員の間で広く共有して、さまざまな形で活用することにより、企業の売り上げを向上させる取り組みを言い、実際に数多くの企業がCRMを有効に活用して成果を挙げている。

CRMは顧客満足のスタートライン

企業の営業活動では、「顧客満足がビジネスの原点」にある。顧客1人当たりの売上高をいかに高めるか、顧客1人ひとりにどのような情報提供し、販売に結びつけるか、あるいはサービス、サポートはいかにあるべきかを検討することが、企業の売上に直結する。

ＣＲＭはまさに、このビジネスモデルのスタートラインにある。単にＣＲＭという場合は、顧客管理システムを指す場合が多いが、顧客との関係を維持、管理するツール、システムのことである。

現在、多くの小売店で、顧客カードが普及し、ポイント制により、顧客ごとの売上情報を掌握し、拡販に結びつけると同時に顧客情報に活かしている。このようにＣＲＭは、通信システム（ＩＣＴ）を応用して企業が顧客と長期的な関係を築く手法であり、詳細な顧客データベースを元に、商品の売買から保守サービス、問い合わせやクレームへの対応など、個々の顧客とのすべてのやり取りを一貫して管理する。

顧客のニーズにきめ細かく対応することで、顧客の利便性と満足度を高め、顧客を常連客として囲い込んで収益率の極大化をはかることを目的としている。

つまり、顧客中心、顧客満足度を高めるという経営理念に基づき、ＩＣＴを活用して全社的なプロモーション活動を行うことである。

ＣＲＭは商品企画、プロモーション、セールス活動、サービス・サポートなど、受注を中心にビフォアサービスとアフターサービスの全ての活動が関わってくる。

ＣＲＭを支えるＩＣＴの役割は大きく、３つのシステムを連動させることで成功する。

3つのシステムを連動させる

①顧客データベースの構築

顧客に関する様々な情報を一元管理し、社内で共有化してデータベースを管理する。

②顧客分析システム

独自の顧客分析とプロモーションを展開するための検索システムを採用する。

③インターネット活用システム

リピート・オーダーを可能にするホームページ、電子メールなどプロモーション情報を提供する。

今までの営業形態は、開発する人（技術・開発）、生産する（生産）、売る人（営業）という単純な機能分担だった。しかしこれからは、企業活動は単純に分担して顧客に対応していては、顧客満足度は得られない。企業全体で顧客接点を持ち、単に営業という「販売の窓口」に任せるのではなく、多岐にわたる接点と役割が求められる。具体的には、市場や顧客との双方向の情報交換を通じて潜在するニーズを吸い上げること、企業が訴求したいメッセージを効果的・効率的に伝達すること、顧客の個別のニーズに対応して、コンサルテーションやサービスという無形の価値をも包めて顧客満足度を上げる努力を怠らないことである。

顧客の生の声を吸い上げる努力が必要

ＣＲＭの最大のねらいは「モノが売れる仕組み」を築き上げることにある。市場や顧客との関係性を最適にマネジメントすることによって、結果としてモノやサービスが売れる。目先の売上だけにとらわれることなく、より中長期の視点に立って顧客との関係性を構築することである。

例えば顧客との間で双方向のコミュニケーションを可能にし、会社が市場や顧客に対して訴求したいさまざまなメッセージを、効果的・効率的に伝えることである。

顧客との長期的な友好関係を築くためには、単なる製品力だけでなく、企業としての主張、理念を訴求することが必要である。しかし、現実は顧客の反応、アンケート回答、要望などを知るだけでインターラクティブなやりとりになっていないのが現状である。一方通行的な情報伝達だけでなく、生の顧客の声を吸い上げる努力が必要である。

42 DMの費用対効果を点検する

ソーシャルメディアやモバイル通販も急増

ダイレクトマーケティングとは、売りたい相手に直接訴求したり、その反応を収集する双方向のマーケティング手法である。電話や直接訪問でのセールス、ダイレクトメールなど複数メディアを組み合わせて活用し、個々の施策とレスポンスの関係などを継続的に検証・改善していくことが、ダイレクトマーケティングの成功のポイントである。

そして、ダイレクトマーケティングに活用されるコミュニケーションのチャネルは、初期段階で顧客を獲得するために利用されるテレビや新聞、雑誌、折込広告等のマスメディア広告からワン・トゥ・ワンの個別のマーケティングである電話や郵便、メールといったパーソナルメディアになり、さらに、それに加えてインターネットを利用したソーシャルメディアや携帯、スマートフォン専用のモバイル通販も急増している。

最近では、既存ルートの販売の低迷により、ダイレクトマーケティングに取り組み始めた企業が少なくない。またデジタル（ネット通販）とリアル（実店舗、カタログ通販）など無数の販売チャネルを通じて拡販に乗り出す企業も増えている。

費用対効果をよくチェックする

新しいメディアやＩＣＴ技術がこれらのビジネスを後押ししているが、やみくもに売上高の伸長だけでなく、使い分けも含め、費用対効果の面から収益性の検証と改善が必要である。

例えばある企業で、ダイレクトメールの費用対効果を分析したのが図9である。

従来の郵便方式と電子メールを比較したものであるが、費用対効果をよくみて、自社の最適なプロモーションを決定する。

ＤＭを含む広告宣伝費が決まったところで、次はどのような媒体でどのような広告をするかという配分を決めなければならない。もちろん業種により様々であるし、競合対策もあり、自社の独自性の発揮も必要である。

図9　ダイレクト・メールの効果測定

	封書	はがき	電子メール1	電子メール2
1.発送費用	90	50	7	7
2.発送数	10,000	10,000	10,000	30,000
3.発送代金	900,000	500,000	70,000	210,000
4.リターン率(受注率)	2.0%	1.5%	0.5%	0.7%
5.リターン数(受注数)	200	150	50	210
6.リターンコスト	4,500	3,333	1,400	1,000
7.受注単価	100,000	100,000	100,000	100,000
8.粗利益	25,000	25,000	25,000	25,000
9.売上高合計	20,000,000	15,000,000	5,000,000	21,000,000
10.粗利益合計	5,000,000	3,750,000	1,250,000	5,250,000
11.実質粗利益	4,100,000	3,250,000	1,180,000	5,040,000

詳細な顧客データに基づく計画と効果測定が可能になった

最近ではIoTビジネスの進展により、RFID（非接触型タグ）による製品1個単位で管理する「単品管理」が可能になったことから、顧客情報の中でも性別、年齢、所得、職業、学歴、家族構成などの人口統計的属性、居住地、所在地などの地理的属性、さらに購入履歴やレスポンス経路などの購買行動、さらにはライフスタイル、好み、価値観など、様々なデータを容易に収集、分析することができるようになった。これにより、売上目標の設定はもちろん、販売促進費の投入予算など精緻な計画設定と効果測定が可能になった。

このように、IoTもICTの後押しで進展し、「ビッグデータ」の活用は、ダイレクトマーケティングを飛躍的に進化させることになった。

たとえば100人の顧客それぞれに、個別の呼びかけや適切なメッセージを伝達、発信するといったこともできるようになり、これまで以上に顧客との濃密なコミュニケーションが維持されるようになったといえよう。

しかし、どのような情報が収集され、どう活用されているかは、顧客には見えづらい状態なので、過度に利用するとかえって、嫌われるリスクもある。顧客に便宜や利益を与えることを納得してもらう必要がある。日頃から「この企業になら自分の情報を提供してもよい」と思ってもらえる信頼関係を築くことが大切である。そして提供してもらうデータの見返りにふさわしい価値を提供しなければならない。

43 より競争力の高い価格設定をする

価格設定は企業が提供する製品（商品）サービスの価格を決定したり、変更したりすることで、通常は「原価」「競争」「需要」の３つの要件に着目して決定される。価格決定はマーケティング活動上、売上高の増額、販売付加価値の増加、市場シェアのアップなどの目標達成の可能性を左右する重要なものである。

製品の価格決定に影響を及ぼすものとして、製造原価、需要の大小、競争企業の価格、販売経路等が考えられる。本来はその製品のもつ機能、効用などから製品自体から決まると考えるべきであるが、競争市場が普通になっている現在では、決定要因としてはそれほど重要ではなくなっている。

最近は国内の企業間だけの競争だけでなく、グローバルでの価格競争力に負け、市場から脱落するケースも増えている。むしろ競合関係を強く意識したコストパフォーマンスが差別戦略の中心として表面にでてきた。

さて、価格決定にあたって考慮すべき要因は、基本的には、前述の「原価」「競争」「需要」の３つである。これらの要因のうち、どれを重視するかによって、価格決定は、コスト志向、競争志向、需要志向、以上の３つのアプローチとなる。

3つの価格決定方法

①コスト・プラス法

製造原価に販売経費と一定の利益を加えて価格を決定する方法である。コスト・プラス法は、簡単な方法であるが、需要競争などの市場要因を無視しては決定できない。注文生産品や公益性の強いサービス産業の価格決定法としては適している。実際には開発費負担、市場環境、ライバル動向を加えた折衷案にならざるを得ないのが現状である。

②競争価格法

競合ライバルの同等商品の市場価格を参考にして決定する方法である。一般にプライスリーダーが価格を決めると、それにフォロワーが追従して価格決定することをいう。

③需要価格法

市場、顧客の要求に合致する価格で決定する方法である。この場合、需要量をどう価格に連動させるか、価格決定の弾力性をもつことと、企業内部のコスト低減の限界（損益分岐）も考慮にいれなければならない。

価格設定は、元はいくらか（原価の要素）と、いくらで売れるのか（市場ニーズと競争力）の両方の側面からとらえて設定する必要があることはいうまでもない。

価格設定の留意点

①事業として成り立つだけの儲けを確保できる価格か？
②競合ライバルと比較して優位性を維持できる価格か？
③顧客に受け入れられる価格か？

やみくもな値下げは逆効果になることも

さらに、マーケットが動態的である時には、状況に応じて価格の見直し、改訂が必要になる。その場合に①〜③を考えて、価格を値下げして売れ行きがよくなるか、あるいは値下げしても反応が鈍いか否か、いわゆる価格の弾力性があるかどうかを判断しなければならない。

そして、もう一つ留意しなければならないのは、やみくもに値下げするよりも購買者の心理に訴えることとである。

スキム層（富裕層）を的にした高価格帯で差別化したり、量を確保するためのペネトレーション（浸透）価格帯で薄利多売のケースもある。

あえて、品質、名声を誇示して「ブランド価格」を維持する場合には、値下げは逆効果になる。一方商品に特上、上、並を設け、段階ごとに価格を設定する方法もある。

最近、インターネットを使った直販での割引価格など、広告宣伝費や販売コストとの関連で、二重価格制をとるところも増えてきた。

さらに、通販など新ルート販売の採用により、従来の価格設定方式にとらわれない、独自の戦略的な価格設定の選択もありそうだ。

44 高価格でも売れる商品をつくる

大量生産で低価格で供給することが、消費者ニーズに対応した開発戦略であり、いわばマーケットインは常識化している。マーケットインとは、顧客の視点に立って製品を開発・製造するという考えである。世の中にモノが溢れる時代にメーカー側が売れると思うものをどんどん市場に出す手法をとってきたわけで、顧客に耳を傾けるマーケットインの戦略は間違っているわけではない。

しかし、こうした考え方のものづくりからは、平均的な商品しか生まれず、新しい価値の創造がなかなか進まない。平均的な商品の横並びは低価格政策で生き残るしかない。価格競争では中堅・中小企業が大企業に勝てるわけがない。

そこで先進的な中小企業やベンチャー企業などが、自社のもつ高い技術力を集約して、平均的な視点からは絶対に生まれえない創造的な商品づくりを始めたわけである。

もともとメーカーは、シーズ志向であり、ビジネスの「種」として、企業が有する事業化、商品化の可能性のある技術やノウハウなどが活かして商品づくりを目指している。これを市場志向のマーケティングと同期化することでプロダクトアウトという開発戦略が可能になる。これが画期的なイノベーション商品を生むきっかけになった。それが「高くても売れる商品」なのである。

高額ヒット商品の例

価格が1本3240円と高価格ながら年間5万本も売れているアイスクリームスプーンがある。この商品が高い評価を得たのは機能性とデザインの良さであった。

また、再利用可能なウイルス侵入を防ぐ高機能手作りのマスクが一枚9980円の高価格で売れている。オーダーメードのため納品まで1カ月ながら、リピート率90％で受注好調なのである。一方量販メーカーのカルビーは、高級かっぱえびせん「匠海」が30枚入りで1852円と高価格で売り出した。累計販売100万ケースを突破したという。（『なぜあの商品は高くても売れるのか』洋泉社・参照）

このように、最近、高額なヒット商品が次々と生まれている。商品の企画開発や生産においてメーカー側の論理や技術を優先させたプロダクトアウトによる方法である。

商品開発とは、顧客のニーズや視点を取り込みさえすればよいのではない。

顧客志向ということは顧客の購買志向の変化に対応しなければ、画期的な商品は生まれない。価値観に敏感な人々が価格の高さにも関わらず、機能、性能、品質、デザインなどに価値を求めて購入するのである。可処分所得が増えない中で、自由に使えるお金が減っている現状から、使える原資を最大有効活用しようとする。それが「高くても売れるもの」

を生んだと考えてよい。つまり、消費行動が「新たな価値を求めて選別する」消費者が増えたということだろう。価格だけではなくて価値を求める、いわゆる富裕層だけが高額商品を買っているのではないことである。それぞれの価値観に合致すれば高額でも購入するのである。インターネット時代で情報に詳しい賢い消費者が増えている。価値を感じないものにはお金をかけないのである。

ここぞというところでお金を使う消費者心理

日ごろからお金を不用意に使わず、「ここぞ」というところ、「これぞ」というものに対して、お金をかける人が増えてきている。価値観の多様化と消費者の商品評価の変化に対応することである。消費者が商品を購入するか否か判断するのは、①金銭感②美感③充実感④安心感である。前述のアイスクリームスプーンのように価格が高めだと感じても、デザインの美しさや機能性、使いやすさなどが購入の決め手になった。価格が少々高めであっても、「それなりに良質な商品なのだろう」という安心感にもつながる。

一方で、開発する側・販売する側に必要なのは、顧客がその商品に対してどのような点を評価して購入しているのか知ることがポイントである。

そして、次の４つの視点で商品力を客観的に評価し、顧客に説明し、告知しなければならない。

①この商品にはいかなる特徴があるか？
②機能、性能、品質、デザインの利点は何か？
③どのような利用価値・便益があるか？
④顧客への実績・裏付ける証拠
価値観が多様化している現代だからこそ「高くても売れる」コンセプトが成り立つのである。

第5章

プロダクションとリーンスタートアップ

45 目標コストを設定し管理する

最近、カラーテレビの例でもわかるように、技術革新、コスト競争力がグローバル化し、価格競争は世界どこでも発生する。今日の覇者が明日の敗者といわれるくらい、めまぐるしくシェアも変わる。そこで勝ち残るためには、技術開発と並行して、コスト低減、製販一体となったコスト競争力にかかっている。

また、新製品開発で、発売に踏み切れるのは、利益確保が可能になる目標コストを実現できるか否かである。したがって原価見積りでは、次の算式で許容原価が求められる。

許容原価の算出式

販売価格（予想市価）－所要利益＝許容原価（目標コスト）

最初の段階でコストを十分に検討する

そこで、製品企画段階から製品原価（コスト）の最小化を追求する原価企画の取り組みがポイントになるわけである。一般に、製品企画や設計段階でコストの80％が決まってしまうといわれる。そのため、最初の段階でコストを十分に検討しておかないと、後の調達や生産活動でいくらコストダウン（原価低減活動）の努力をしても限界がある。

まず製品企画の段階で目標コストを設定し、開発段階の川上でいち早くコストを見積もることである。コストとして主要なものは、材料費、加工費、購買部品費、試作などにかかる開発費、および人件費である。目標コストは、顧客価値の視点から見た市場販売価格から、利益目標を差し引いたものである。

4つのステップで行う

したがって、原価企画の進め方は、①目標売価の設定、②目標コストの設定、③見積もりコストの設定、④目標コストと見積もりコストの差額対策という4つのステップの手順で進めることになる。

つまり、目標売価の設定は顧客価値の視点で、顧客の満足を第一優先順位にして進めることである。したがって、品質レベルを落としたり、標準装備品を減らしたり、機能や効用を減少させることは、決して望ましいことではない。コストパフォーマンス（費用対効果）を十分考えることがコスト競争力の原則である。

まず、製品の企画段階で製品コンセプト（概要）を設定し、マーケティング戦略や類似製品を考慮して製品の目標価格を決める。その上で、製品の目標コストを決めるわけである。具体的に製品の目標コストを実現するためには、原価見積りを細分化し、資材、部品のレベルや生産工程別にブレイクダウンし、担当開発グループごとにコスト算定することである。ここで留意すべきなのは、過去の実績データや外注先など協力会社のコストダウン協力を得て進めることである。また、常時、自社の実力コストを把握できるデータ（コストテーブル）をもって更新し、最新なものにしておくことである。そして最後に、目標コストと見積もりコストの差額を改善するために、各部門のコスト削減活動が必要である。

この場合、目標と見積もりの差異が大きい場合、コストダウン目標を数値化して推進する必要がある。「どのコストを、いつまでに、何％削減するか」、さらに具体的な取り組みとして、「商品一つの製造原価を何円下げればよいのか」といったレベルにまで落とし込む必要がある。その際、コストはかかるものではなく、かけるものという視点も必要である。省力化のための設備投資やＩｏＴ導入が結果的にコスト低減につながることは良い例である。

コスト削減は利益の追求の一環

コスト削減は、必ず生産性を高め、利益の向上につながる。自動車部品製造のＫ社では、開発、生産技術、生産、資材が垣根を越えてチームを一体化して、大幅なコスト削減に成功している。逆に考えれば、これまでの体制を変えたことが、コスト削減への取り組みの成果・結果と考えるべきであろう。発想の転換である。そしてコスト削減は決して最終目標ではなく、利益追求のための取り組みの一つであることを忘れてはならない。

46 7つのムダをなくして生産性向上をはかる

「仕事のムリ・ムダ・ムラ」という言葉がある。トヨタ生産方式では､この｢ムリ・ムダ・ムラ」をなくすことが最大の合理化の方針にしている。

この仕事のムリ・ムダ・ムラとは、仕事の負荷が能力を上回っている状態がムリであり、仕事の負荷が能力を下回っている状態がムダである。そしてムラはムリとムダの両方が混在して発揮度にバラツキがある状態をいう。

日本の製造業は、全体からみると生産性が高く、国際競争力があると言われるが、その生産性を支えるのが、現場レベルの改善や効率化であるのは言うまでもない。

一方、事務系の仕事、デスクワークの仕事においては、残業時間の短縮や労働時間の短縮をめざしているが、その生産性は今ひとつとも言われる。情報通信技術（ＩＣＴ）の活用もあるが、会議、資料作成、メールの業務効率化が課題である。特に会議のムダを指摘するケースが多い。

もちろん、なかなかなくせないムダもあるかもしれないが、それ以前に、ムダに対する意識そのものが低いのが問題である。

そこで、どんなところに（どんな形で）ムダが潜んでいるか知ることがポイントになるだろう。次に「7つのムダ」のパターンを主として製造分野で究明してみよう。

7つのムダ

①**作り過ぎ**・必要以上に製品を作ることで発生。人、材料、資金のほか時間、設備にムダが生じる。

②**手待ち**・・自分の作業が始められない状態。時間のムダが生じる。計画、手順を見直す。

③**運搬**・・・運搬距離が長いとか、運搬回数が多いことから、人、時間、設備にムダが発生。手順、計画、管理を見直す。

④**加工**・・・価値を生まないムダな作業。材料、人、時間、設備にムダが発生。作業手順や作業基準を見直す。

⑤**在庫**・・・回転しない滞留不良在庫の発生。在庫スペース、在庫資金にムダが発生。在庫計画・管理を見直す。

⑥**動作**・・・不必要な動き・不自然な流れにより時間、人、設備にムダが発生。

⑦**不良品**・・廃却や再加工により材料、人、時間、設備にムダが発生。品質基準、作業計画を見直す。

日常業務見直しの3つのポイント

この「7つのムダ」に当てはまるものがないか、検討すると改善の視点が見えてくる。見直しの結果、その仕事（あるいは会社の仕事全体）の「目的」を考え、より効果的な方法を見出すことである。日常業務の見直しのために3つのポイントを挙げておこう。

①単純化する

もともとルーチンワークといわれる仕事は、一度そのやり方が定着してしまうと、「もっと単純な方法はないか」と検討する機会がなくなるので、まずは、その仕事の「一番単純な方法は何か」を考えてみよう。

②標準化する

仕事の作業方法や手順が単純になったら、そのやり方を統一し、誰もができるように標準化しよう。そのためにには「業務マニュアル」を作るのが良策である。

③専門化する

これまでの手順で仕事が単純化・標準化できたら、その仕事の質をよりレベルアップするために、専門化を図る必要がある。作業そのものをＩｏＴ化、コンピュータ化、機械化による代替、熟練工から臨時工への置き替えなど、次のステップにつなげるにはどうしたらよいかを考えていくことで、専門化による効果が高まる。

47 資産価値（ブランド・エクイティ）を高める

企業にとって、ブランド重視の経営が欠かせない時代である。つまりマーケティングの一つである市場差別化の方法としてブランド戦略が欠かせないのである。

ブランドは、自社商品を他メーカーから容易に区別するためのシンボル、マーク、デザイン、名前などをいうが、その機能として識別機能、品質保証機能、象徴機能がある。

ブランドの機能

①競合商品と分かりやすく識別させる。
知名度が高く、固定客を獲得し、安定売上が確保できる。

②品質が保証されていること。
品質が優れていて、評判の良いブランドとして安心させる。

③ブランド連想イメージの象徴機能。
効果的なパッケージデザインなどはそれ自体が強力な象徴機能となる。

ブランド力を客観的に評価する

次に、ブランド機能を強化、育成するためには、ブランド・エクイティ（資産価値）の価値評価を行うことが必要になる。

ブランド構築戦略が意図したとおりの成果をあげているか、その際、他社と比較して、ブランド力はどれくらいあるのかを、客観的に評価するわけである。加えて、企業が成長するために、M&Aによるブランド買収も一策であり、この点からもブランドの評価が必要となる。

目に見えない資産であるがゆえに、個人の感覚や推測で評価されがちなブランドであるが、ブランド・エクイティとは、ブランドに対して費やされた投資の結果、製品や企業が得る付加価値のことであり、ブランド自体の資産的な価値である。

企業はブランドによって、他の企業から商品、サービスを差別化している。ブランドが直接、間接に企業の資産価値に及ぼす影響は少なくない。例えば、ブランドに対する消費者からのイメージの良し悪しによって、商品の価格設定や生産量が変わってくるからである。このような、ブランドが持つ知名度や信頼感などの無形の価値を「資産」ととらえたのがブランド・エクイティである。また特に、品質の評価の判断が難しい製品やサービスでは、ブランドの価値が非常に重要になってくるため、広報活動などによるブランド・エクイティの構築に費用と時間をかけることになる。そしてブランド・エクイティはブランドをより全体的な視点から捉えることが重要である。

ブランドエクイティの体系

米のデービッド・A・アーカーは次の5つの分野から体系化した。（『ブランド・エクイティ戦略』ダイヤモンド社参照）

①ブランドロイヤルティ（ブランドに対する忠誠心）

②名前の認知（ブランドの知名度）

③知覚品質（ブランドの品質は浸透度）

④ブランド連想（イメージとして象徴としての浸透度）

⑤ブランドに関する特許・商標・チャネルなどの所有権がある資産

以上からも、ブランド・エクイティはマーケティング戦略としての市場差別化を視点にしていることは明白である。ブランド価値はどのように生まれるかといえば、事業者がビジョンとしてブランド差別化を意識し、市場で顧客に選ばれ、認知されることにより生まれる。そして、価格プレミアムを実現し、あるいはブランド拡張を有利にするなど、競争優位の源泉となる。そしてその価値は顧客の中で育ち始め、事業者の手が届かないところで形成されていく。主体である顧客を抜きに、企業が独力でブランド価値をつくりあげることはできない。

3つの評価方法

企業の資産としてのブランド・エクイティの評価方法には、一般的に3つの方法がある。

①ブランド構築にかかったコストの積算から見る「コスト・アプローチ」

②そのブランドが将来生み出す余剰キャッシュフローから見る「キャッシュフロー・アプローチ」

③実際に市場で取引されている類似ブランドの価格をもとにする「マーケット・アプローチ」

以上の3つの方法があるが、グローバル化、製品特性、競争状況などによって異なり、どれを採用するかは検討を要する。

48 リーンスタートアップで新事業に取り組む

「なぜ企業に新規事業が必要なのか?」については、「3．新規事業の成功条件をチェックする」で述べた。そこで、もう一度新規事業に取り組む際のポイントを整理すると、次の3つのプロセスがある。

新事業に取り組む際の基本ポイント

①強みを活かしたコンセプトを組み立てる

自社の強みを活かせるアイディアを創出できるか否かである。新規事業には既存の経営資源（ヒト、モノ、資金、情報）を活用できればベターである。それだけリスク低減に繋がるからである。そして誰に対してどのような商品を提供するのかといった事業ドメイン（領域）も検討し、事業化の可能性を検討する。そして、業界のすき間への進出などで、本業との関連性と従来の商品・サービスにプラスの効果を与え、相乗的な売上収益の増加につながるか、可能性の高いコンセプトを組み立てる。

②ビジネスモデルを構築する

事業として、成り立つ仕組みづくりである。新規事業では既存の社内リソースを十分使えないという場合が多い。そこで、必要な機能をもれなく抽出し、現時点でない機能についてはどのように獲得していくか、あるいは外部を活用するかなどを検討する。コンセプトに盛り込む5W2H（いつ・なぜ・だれが・どこで・なにを・どのように・いくらで）を具体化する必要がある。

③経営計画を作成する

実現目標を掲げ数値に落とし込み、シナリオ化していく。収支のシミュレーションと資金計画を数パターン用意してシミュレーションを行い、最悪のシナリオとして撤退する場合の基準も決める。

普通は、最初に綿密な計画を立てることが、成功に繋がると考えがちであるが、新規事業は、「やってみないと分からない」、不確実な要素が多いものであり、実行の中で試行錯誤や改良工夫を経て最適化されていくのである。

特に起業段階では不確実性がつきもので未来は予測できない、初動時に調査や計画を立ててもそれらは結局ムダに終わることが多く、顧客の調査をしないまま的外れの計画を進めれば起業に失敗する可能性が大きくなる。

構築－計測－学習サイクルで、目標に近づく「リーンスタートアップ」

そこで、それを解決する具体的方法としてリーンスタートアップを取り上げる。

「リーンスタートアップ」の名称は、英語で「無駄がない」という意味の「リーン（lean）」と、「起業」を意味する「スタートアップ」を組み合わせたものである。リーンスタートアップの提唱者である米国の起業家、エリック・リースは米のシリコンバレーで、紆余曲折の末にインターネットのコミュニケーションサイトを運営するベンチャーの立ち上げに成功した。この手法は、コストをあまりかけずに最低限の製品やサービス、試作品を作って顧客の反応を見て、そして、**「構築―計測―学習」**繰り返し、顧客の求める製品を生み出し起業を成功させる手法である。（『リーン・スタートアップを駆使する企業』日経ＢＰ社参照）

この手法によれば起業や新規事業の成功率が飛躍的に高まるといわれている。リーンスタートアップのポイントは、新たな事業を小さく始めて、成功しそうかどうかを早期に見極め、見込みが薄いと判断したら、すぐに製品やサービスを改良したり、事業の内容を一新したりして、軌道修正を繰り返すことである。

このやり方は、中小企業や起業間もない企業に向いている。傷が浅いうちに進路を変更し、事業そのものが継続できなくなる事態に陥るのを防ぎ、チャレンジを続けることができる。早期に有望か否かを見定め、軌道を修正し、仮説の構築と検証を繰り返すことである。「このような顧客にはこの製品ならニーズに合致する」と仮説を立て、新規事業のアイディアを練る（構築）。そして、アイディアに基づく製品をなるべくコストをかけずに開発する。最初の仮説自体の誤りがあれば仮説そのものを見直して、方向を大きく転換する。リーンスタートアップの真骨頂は**「構築－計測－学習」**のサイクルを回しながら、最終目標の事業に近づくことにある。

49 「5S活動」で職場環境を改善する

職場の環境や仕事の質を維持するには、常に整理、整頓、清掃に努め、清潔な状態を保つとともに、それを習慣化すること（躾）が大切である。

5Sとは、整理・整頓・清掃・清潔・躾のローマ字の頭文字で、単なる環境改善だけではなく、職場の抱える課題を解決するための活動である。つまり、今では経営や仕事の管理全般に使われている。

整理は、必要なものと不要なものに区別して、価値のない、または低い仕事をやめる。
整頓は、必要なものを使い易い場所に置き、いつでも取り出せる状態にする。
清掃は、常に掃除をして、職場を清潔に保ち、いつでも使えるようにする。
清潔は、整理・整頓・清掃を維持し、誰が見てもきれいでわかりやすい状態に保つ。
躾は、職場のルールや手順、規律を守り、習慣づける。

5S活動の効果

このように、5S自体による効果は職場環境の美化、従業員のモラル向上などが挙げられるが、経営的効果として、業務の効率化、不具合流出の未然防止、職場の安全性向上などがその目標である。それは、職場での整理、整頓により、問題点などの顕在化が進み、職場の抱える課題を解決するための活動となるからである。

5Sは、仕事の品質、コスト、納期、安全といった課題を明確化し、改善する方法であり、異常を見える化してくれる。

仕事がスムーズにいったとき、手間がかかったとき、同じ仕事なのにかかった時間が大きく違うことがある。ムリ、ムダ、ムラがその原因として考えられる。これらを放置すると最初は小さなモノでも、積み重なると、大きなダメージを受ける。

5Sは、これらムリ、ムダからバラツキの原因を取り除く極めて有効な手法である。5Sによって、バラツキが減り、生産性が高まるからである。バラツキがない仕事は安定して品質も高まる。ムダが発生するケースは、探すムダ、運搬・移動のムダ、手待ちのムダ、在庫のムダ、仕事自体のムダ、不良・ミスのムダ、聞く・聞かれるムダなどである。

これらのムダは整理、整頓、清掃、清潔、躾のどれが不足しても発生する。

例えば、整理が不足すると、探すムダが発生するのは当然であるが、どこにあるのかを聞いたり聞かれたりするムダが発生する。

また、管理の仕組みが出来ていない等の清潔不足では、本来不要な作業をやっているというような、仕事自体のムダが発生する。このように、5Sの活動不足により、あらゆるムダに直結するわけである。

5S活動の目的と方針を共有する

5S活動を効果的に進めるには、どのように行えばいいのか、ポイントを述べてみよう。

①仕事のやり方から変える体制づくり。
②目的と管理指標を設定する。
③5S改善力を身につける。
④成果を出す人づくりをめざす。
⑤改善活動意識を全員で共有する。
⑥5S研修とリーダーの育成。

目的は、5Sや改善活動を行う理由である。5S活動の目的と方針を明確にすることがポイントである。なぜ、5Sや改善活動を行うのか。活動の結果として得られること・ものは何であるのかを参加者全員が理解し、参加させる。そして5Sや改善活動が浸透したあとの「めざす姿」「あるべき姿」を明確にすることである。

職場で5Sや改善活動を展開するには、5Sや改善の目的、意義や効果を活動に関わる者、全員が認識し共有する。

目的を達成するためには、目標を設定し、結果を導き出す作業の標準化を進める。そしてその経過、プロセスをチェックし、管理指標によって測定監視することが望ましい。

第6章

組織能力を高める人的資源管理

50 人的資源管理(HRM)に取り組む

トヨタには「トヨタウェイ」があり、社員として共有すべき価値観と行動指針を示している。それはトヨタの「人づくり」そのものであり、人的資源管理を基本にした教育の指針である。(『トヨタ自動車七五年史』トヨタウェイによる価値観共有を参照)

人を戦略的資源と考える

人的資源管理は従来からの人事・労務管理とは何がどう違うのだろうか?

一番大きな違いは、それまで人事管理では人を「コスト」や「労働力」、「生産要素」として捉えてきたが、それを人的資源管理すなわち「戦略的資源」として考えることである。最も重要なリソースである人材を有効活用しないと、激しい経営環境の変化に対応できず企業は競争力を失ってしまうということに尽きる。つまり、資源としての人づくりであり、教育訓練や育成のあり方次第で企業の優劣を左右する。今日では、無限の可能性を秘めた資源として、「人材確保」、「教育訓練」、「能力開発」が重視されるのである。

人的資源管理は組織活動である製造、販売、管理などでさまざまの分野で、かつ、その管理領域は、大別して雇用管理・報酬管理・労使関係管理の3つからなる。

ここでいう管理は、企業の戦略に基づいて行われる点で、従来の人事管理や労務管理とは異なる。また従業員を従来のようにホワイトカラーとブルーカラー、総合職と一般職などという分け方で一律的に管理できなくなっている。プロジェクト要員、多能職員、契約社員といった新たな分類カテゴリーが必要になってきているのである。さらに職種別、専門職制度など、昇進、昇格などだけでなく、賃金体系まで新たな人的資源管理が必要になっている。人的資源管理では、優秀な従業員を募集、選考し、適切な昇進・昇級を管理し、褒賞、インセンティブを与え、従業員のモチベーションを高めることで、人材を有効に活用し育成していくことを目的としている。

人々の労働意欲や達成意欲、協調意欲を引き出す源泉がインセンティブであり、インセンティブを与えることによって個人の欲求を満たし、個人をそれぞれの仕事により積極的に取り組むように仕向けることができる。

全社員の理解と関与が必要

そのためには、ビジネスの現場、職域を理解し、組織・チームのニーズを満たし、個人の公平性を常に保つことが必要であり、この情報を把握している人事部以外の各スタッフ及びマネジャーも積極的にこの機能を理解し、意思決定に参加していく仕組みが必要である。

人事管理というと、人事部門の仕事というイメージが強いが、人的資源管理は人事担当者だけでなくラインマネジャーをはじめとする組織の全ての人々がかかわるものである。人材採用や評価制度、組織開発など個別の制度や機能だけ扱う専門家や専門部署が直接実務に携わっても、不十分である。

組織力を発揮するためには全ての人が、これらの様々な活動を理解しない限り人的資源管理は機能しない。

そしてインセンティブを与えるのは格付、評価、報酬が3本柱であるが、とくに、格付制度は、キャリア開発、人材育成とも密接に関わる、人づくりの基盤となる。

しかし、能力主義・成果主義の人事制度を作ったが、処遇面では以前とあまり変わっていないとか、ふつうに真面目に働いている人のやる気が削がれているようであるなど、整合性がとれないこともあるので、事業特性、組織特性を踏まえ、格付、評価、報酬の相互に有機的に結びつけることが必要である。

そして人的資源管理は、優れた人材を発掘し、適材適所を実現することである。適材適所に従った人材の教育と適正な評価に尽きる。しかし必要な時にタイムリーに適材が供給できるとは限らない。人材の流動化が進んできた現在では、優秀な人材が必ずしも定着してくれるとは限らないし、必要な資質を持った人材が貴重である。このような社会構造の変化から、最近では新卒の定期採用だけでは組織の維持ができなくなり、中途採用が定常化し、アウトソーシングである派遣社員の積極的活用も図られている。

51 強いリーダシップで組織を活性化させる

組織が結束し、会社の経営を安定させ、成長を維持していくためには、トップの経営の舵取り、リーダーシップが欠かせない。リーダーシップとは、会社や部門の構成員からなる組織において、それを統括する者に求められる資質や行動原則のことをいう。

最近、企業規模の大、中、小に関わらず最初に組織ありきで、組織力が重視され、リーダーシップも組織を動かし得る指導・調整能力が欠かせなくなった。

はじめに、リーダーシップを発揮する条件を5項目に集約してみよう。

リーダシップを発揮する条件

①トップがビジョンや目標を明確にする。
②選択と集中の戦略志向で重要課題を明確にする。
③人材を抜擢し、権限やタスクを委譲し、働きやすい環境をつくる。
④個人の能力を尊重し、精神的、組織的支援を与える。
⑤社員の成果について評価し、褒賞を与える。

「将来、わが社をこういう会社にしたい」というビジョンのもとで、改革（イノベーション）のリーダーシップを振るうのはトップマネジメントである。時代環境の変化に適応し、改革を推進するためには、トップこそが先頭に立って、変革の舵取りをしなければならない。一方、個性的で、人間味のあふれたトップの個人的魅力もリーダーシップ発揮の条件と言えそうである。

豊臣秀吉方式のリーダシップ

作家・司馬遼太郎は、太閤秀吉の成功を「人たらしの天才」として描き、その特長として、滴るような笑顔、気配りに満ちた贈り物と接待そして褒め上手、その上何よりも人間そのもの魅力をあげている。（『司馬遼太郎リーダーの条件』参照）

この秀吉方式がリーダーシップの本質と言えそうだ。

成功する経営者は、個性的な魅力に加え、強力なリーダーシップによって、運を呼び込む自らの素養に負うところが大きいといえる。特にトップに欠かせないのは、すばやい選択と集中の意思決定と決断力である。

リーダーに期待される事業素養とは、部下から信頼を受け、強烈な個性と情熱で組織を引っ張っていくリーダーシップである。カリスマ的で、独自の価値観や倫理観で、組織全体を活性化させ、社員を一種の陶酔状況に導くことである。

「このトップなら、一緒に仕事をやっていきたい」「この人の言うことなら信頼できる」という気持ちを組織内・外に与えることである。

リーダーシップとは、目標を達成する行動を引き出す能力のことをいうが、リーダーシップの発揮の仕方は様々であり、重要なのはリーダー個人の情報、知識、必要な諸資源を集めたスキルと人材育成術である。特に、部下の個人能力を見逃さないことである。優秀な社員を精神的、物質的、組織的バックアップすることにより組織全体が活性化するのである。

火中の栗を拾う気概が必要

また、イノベーションを進めるには現状に満足せずに、組織内に「危機感」を作り出すことが重要である。活力は生まれるのはこの危機感から始まるからである。

そのためには時に演技力も必要になるだろう。自ら率先垂範で手本を示し、指導者たる者は苦難から逃げてはならないのである。「職責を果たし、火中の栗を拾う」覚悟で乗り込み、「難事には自ら率先して事に当り、難事が去れば自ら退いて後任に譲る」という気概が必要である。

52 社是・社訓で価値観を共有する

会社の受付の女性の態度が悪かったり、社員が来客とエレベーターで会っても挨拶をしなかったら、それは社長や上司の責任である。身だしなみ、言葉づかいも同様である。社員教育が徹底していないと会社（店）の文化・風土は育たない。

会社は、全社員の意識の集合体、つまり価値観の共有が必要なのである。

企業に価値体系が確立しているかどうかは、経営トップの経営理念が浸透し、社員一人ひとりに採用試験や教育を通して定着しているかどうかである。

企業は創業者や中興の祖のＤＮＡ（遺伝子）が継承され、独特の企業文化が形成される。経営者はなんらかの価値観をもって経営戦略、方針を決めるし、従業員も経営方針に基づいて行動する。何のために、生産や販売を行い、研究開発を行っているか、顧客へ訴える強みを持っているかなど、企業全体の価値観を共有することになる。

企業理念は、自社の存在意義を社内、社外に明確に示したり、企業全体の一体感を高めるために役立つが、企業文化として企業全体の価値観として根づくことが必要である。

近代企業の始まりの頃から「企業文化」の大切さはよく言われてきた。それは社風と同義語として使われる。社是・社訓で、平素からの仕事のやり方、社員の行動の特性、会社組織の特徴が決まってくる。

それぞれ企業には独特の個性や社風があり、企業の性格は会社ごとに異なる。それは第一に、実現をめざす価値のちがいによるのである。高度の技術を駆使した高品質本位の製品づくりをめざす会社と、低コスト最優先の普及製品づくりをめざす会社とでは、おのずから社風は違ったものになる。

創業者のＤＮＡを社員が共有する

規模の大小には関係ないが、大企業でいえば、トヨタの社風、ホンダの社風、ヤマハの社風、サントリーの社風と各々創業者の経営哲学を引き継ぎ、組織ＤＮＡとして価値観を全社員が共有している。それが経営制度の仕組みや経営活動のあり方に体現化されると、企業は全体としてまとまりをみせ、固有の企業活力をもつことになる。

サントリーには「やってみなはれ」精神があるが、先代から佐治敬三に継承され脈々と続く、サントリーの企業文化そのものと言える。そして、企業文化は創業時以来変わらない部分と、時代の変化に対応して進化したバリエーション部分がある。グローバル化に対応し、世界的な規模で経営、技術、人事などを共有し、変化にフレキシブルに対応するため、組織やルールを柔軟に変化させていく風通しのよい企業文化が必要である。

企業文化は、人・物・金・情報に加え、第５の経営資源という見方もできる。前の４つは外部から調達も可能であるが、企業文化は百パーセント内部から形成しなければならない。その意味で、「顧客の信頼、ブランド力、技術力、組織風土、社員のモラル」といった企業文化は経営資源を創り出す、創造する原動力といえそうだ。

また、創業者や中興の祖が制定した社是・社訓は、時代や業界など経営環境の変化により見直しを行ったり、新たな解釈を加えたり、新たに行動基準を結びつけて再制定する必要がある。特に今日、企業は社会的責任（ＣＳＲ）を果たすことが必須条件である。

そして企業の不正行為の防止と会社を最適に制御する企業統治（**コーポレートガバナンス**）の経営が要求されているので、その面からの見直しと会社風土の改良が必要になるだろう。

目標達成意欲を高め、士気を鼓舞する

最近、会社の不祥事で信用を失う企業が後を絶たない。その意味で、株主、従業員、取引先、消費者、地域社会といったステークホルダー（利害関係者）を意識した経営が不可欠である。また、社是や社訓は現在のことだけでなく、その企業の将来の発展や今後活動していきたい事業をも想定したものでなくてはならない。

そして、最も重要なことは社是・社訓は、社員一人ひとりが価値観を共有するだけでなく、目標達成意欲を高め、発奮させ、士気を鼓舞するものが望まれる。

53 アウトソーシングや派遣社員を活用する

アウトソーシング（外部委託）は限られた経営資源を重点分野に集中するため、弱体、不足分野の業務を外部企業へ委託することをいう。

つまり、経営資源である「人」「物」「金」「情報」のうち不足するものを外部から補うという経営戦略の一つである。特に組織体制の不備を補うため、立ち上げ期、成長期のニーズが高い。アウトソーシングは外注とは異なり、外注が業務の執行だけを任せるのに対し、アウトソーシングは業務の企画、計画からマネジメントまで外部委託する。かつては元請けや下請けのような上下関係によるものや周辺業務に限られていたが、最近では、人事や経理などの管理業務から、製造、物流、研究開発、営業販売に至る幅広い機能を外部の専門機関や会社に委託する企業が増えている。

このように外部に専門性の高い業務を外注するということは、コスト削減効果はもちろんのこと、自社で行うよりも高い付加価値が享受できるというメリットがある。しかし、外部資源の利用には、情報流出のリスクや、社内にノウハウが蓄積されないといったデメリットも存在する。経営のスピードや高い効率性が求められる競争環境においては、自社に必要な機能や能力を十分に見極めることと、メリットとデメリットを考慮しながら外部資源の有効利用を考えることが重要だ。またアウトソーシング先の信頼度をみるため、徐々に段階的に拡大するなどの配慮も欠かせない。

アウトソーシング活用の留意点

①アウトソーシング企業の専門能力と人材に着目して発注する。
②自社業務を分析して、経営資源を重点分野に集中する
③常に先端技術、専門性に留意し、競争上の強みになっているものは自社で行う。

外部委託とはいえ、経営機能を補完し、自社の円滑な業務推進の一翼を担うわけであるから、会社全体で計画を理解し、委託先との業務の切り分け、設計に十分配慮が必要である。正社員以外の労働者には派遣社員のほか、①パートタイマー②期間労働者③契約社員④嘱託⑤アルバイトなどがあるが、緊急性や職種によって臨機応変な採用を考える必要がある。派遣社員と他の労働者との違いは、法的には使用する会社が雇っているか、派遣会社が雇っているかである。

インターネットの普及によりリタイアした女子社員等を含め、社外の不特定多数の人に業務を外注するというケースが増えている。それらを総称し、クラウドソーシングと呼ばれている。ＩＣＴ（情報通信技術）を使った知的生産力やコンテンツなどを、多数の人々

から調達・集約し、事業成果を得ることをねらいにしている。

臨時雇用から常用雇用の流れ

平成11年12月施行の「改正派遣法」で適用対象となる業務が大幅に拡大され、販売・営業職も可能になったし、さらに、平成12年12月施行の法律改正で、テンプトゥパーム（紹介予定型派遣）が認められ、ベンチャーや新規事業向きの新しい派遣システムも可能になった。派遣の段階での業務経験により、適職か否か、スキルは大丈夫かを判断して、正規社員に採用するわけであるから、社員、会社双方にメリットがある。

「テンプトゥパーム」（Temp-to-Perm）は〝臨時雇用（テンポラリー）から常用雇用（パーマネント）〟の意味で、派遣が就労機会の新しいツールとして活用されることが期待されている。

「テンプトゥパーム」では、常用雇用の前に派遣就業の期間を設け、その間に、働き手は職務内容や職場環境などを確認し、受け入れ先企業は人材のスキルや適性を見極めることができる。この点で「テンプトゥパーム」は、常用雇用後のミスマッチを軽減することにもつながり、働く労働者にとっても受入れ企業にとってもメリットのある合理的なシステムだといえる。また、「テンプトゥパーム」は新卒だけでなく、シニア専門職、中高年人材についても、同様に正社員雇用を前提とした派遣が今後増加することが予想される。

54 「コンピテンシー面接」で優秀な人材を採用する

中小企業にとっては、業容の拡大を図るために、いかに優秀な人材を採用できるかどうかが、今後の成長のポイントになる。従業員が少数の場合であれば、採用する人材の能力が業績に大きな影響を及ぼすからである。また、人材を新たに中途採用するということは、当然人件費など固定費も上昇する。したがって人材の採用には、細心の注意を払い、採用を成功させたい。

コンピテンシー面接とは

そこで今回は中途採用に効果的なコンピテンシー面接を取り上げてみよう。コンピテンシー面接とは、STAR手法と同義で、被面接者の過去の具体的行動に関する具体的事例を抽出することで、行動特性（＝コンピテンシー）を抽出し、将来の行動を予測するという面接手法である。

どのような状況で（Situation）、何を担当し（Task）、具体的にどのような行動を行い（Action）、どんな結果を導き出したか（Result）を聞き出すことから、頭文字をとってSTAR手法といわれている。コンピテンシー面接は、再現性（ある行動をするとある現象が起こること）のある過去の成果やプロセスをみることによって、面接対象者が成果を生み出す、未来の可能性を評価することにある。

コンピテンシー面接の特徴は詳細に事実のみを聞き、意見は聞かないことである。細かい事実のみを積み上げて質問していくことで、本当にその人がどんな行動を取ってきたのかが分かり、本来持っている実力が判断できるわけである。

面接対象者が過去の事実についてはうそをつきにくい上、一度うそをついてしまうとつじつまあわせが難しくなる、という特性もあり事実に基づいた判断ができることから、採用インタビューとして利用される。そして自社の採用する人材像であるコンピテンシーモデルとその行動特性のキーワードを採用判断に活用し、面接効果をあげることができる。

ある自動車ディーラーでは営業管理者の採用にあたって、人材像を「自動車や機械が好きである」、「簡単にあきらめない、粘り強さがある」「人を巻き込む統率力」をキーワードとする一方、行動特性を「人を喜ばすのが好き」「微笑を絶やさない」をキーワードとして行動特性を抽出して、独自の質問・評価シートを作成して求める人材を獲得している。

コンピテンシー面接の質問事項

①仕事の難問・困難に問題に取り組んだことがあるか。
②それらにどのように取り組んで解決したか。

③目標をどのように決めて、どのような方法で達成したか。
④自分の役割は何で、仲間の協力は得られたか。

このコンピテンシー型の評価は「かなりできている」から「まるでできていない」とその中間2段階と単純に4段階である。事実とそのプロセスを順次、聞いていくという方法である。面接者にとって聞きやすく、本人の具体的な行動と成果を確認していくだけだから、背後にある思惑や期待がどうであれ事実と結果が重要となる。それを評価することになる。要は「仕事ができる」ということは何かを定義して、それを客観的に評価することを可能にしたわけである。

ＰＤＣＡの事実を聞くことがコツ

コンピテンシー面接を成功させるには、どんな仕事の場面でもＰＤＣＡサイクルを基にして話を聞いていくことである。プラン（Plan：目標・仮説を立てる）を立てて、それを実行（Do）し、結果を比較・検討（Check）し、問題点を汲み取って修正する（Action）というサイクルを事実にもとづいて確認していくことがポイントである。

コンピテンシー面接では常に仕事の場面について話を聞き、ねらい（目標）と行動と成果を聞くことである。成果あげる能力を持っているか否か、「仕事ができる勝ちパターン」であるかどうか、入社後に成果を出せる人間かどうかを読み取ることが可能なのである。

55 社員を教育訓練し、組織能力を向上させる

企業内教育は自社の経営目的に沿って、組み立てられる。つまり、会社を順調に成長、発展存続させるために、自社の保有能力（人、物、金、情報）のレベルアップが不可欠である。そのために、自社を取りまく社会・経済情勢の変化、市場のニーズや雇用形態の多様化などに対応するために、自社に合った教育課題を設定する必要がある。

多角化戦略や海外事業戦略など経営戦略を展開するには、それ相応に必要な機能と推進する人的パワーと組織が必要である。組織編成にあたっては、実際の担い手となる任務遂行能力を持った集団でなければ成功はおぼつかない。

企業内教育の課題設定とステップ

したがって、企業内教育の課題設定とステップは次のように設定される。

企業目標
↓
経営戦略立案
↓
組織編成
↓
人材配置
↓
教育計画設定

企業目標を受けて、経営戦略立案では、伸ばす事業と縮小撤退する事業がある。重点事業には人材や資金などの経営資源を重点配分するが、一方で事業構造の再構築（リストラ

クチャリング）を行う分野もある。組織を編成し、配属先が見つからない人員も出てくる。適正な人材配置の体制をつくることに時間を要する場合は、社内で養成するだけでなく専門能力を持った人物を社外から採用することもあり得る。したがって教育計画の設定は、新人教育、精鋭教育、転配属教育、離転職教育と多様化する。

職務遂行能力を高める

企業が求める能力とは組織の一員として、企業目標の達成に役立つ能力のことである。その能力は、まず、企業目標や経営方針をよく理解して、自分は何をやらなくてはならないか、すなわち「課題設定能力」である。つまり目標管理との連動で自己申告書を通じて、現在の任務と達成状況、当面の課題の行動チェックが欠かせない。

そこで、上司は、部下を指導、教育する過程で、ＯＪＴ（On the Job Training）が必要になる。実務経験を積むことにより、業務上必要とされる知識や技術を身につけるトレーニングである。組織目標を達成するためには、部下一人ひとりの知識、技能、専門能力を身につけて、業務をやり遂げる「職務遂行能力」を高めることである。育成目標の具体的な内容、つまり何を、いつまでに、どうやって習得するかがＯＪＴの大事なポイントである。

問題解決能力（ソリューション）を引き出す

次に、社員の教育訓練と組織能力の向上は密接な関連があるので、組織開発に移ろう。組織のリーダーが部下と組織効率を考えて行動するには、チームワークや問題点を伝達する力、調整する力が必要になる。組織パワーは、組織の目標、課題に対し、個々に持つ能力を集中させることが必要だからである。しかし、十分な遂行能力を持って、組織内の人々と円滑な協力の下に職務を遂行していても、いろいろな困難や障害にぶつかるものである。そういう状況を克服して、新しい展望を打開していくのが「問題解決能力」である。

従来の組織の問題解決手法では組織上の問題の原因の発見・分析を出発点とし、対応方法は課題と目標との「ギャップを埋める」ことに焦点をおいてきた。

しかし、目標設定に誤りがなければ、組織の持つ可能性を前提に捉え、組織の持つ「強み」、「価値」や可能性の発見を出発点とし、組織開発に取り組む必要がある。変革のための対応方法は「ソリューション（問題解決の手法）を引き出す」ことに焦点を置くことである。

組織開発のねらい

そして社員の能力を高め、変革へのモチベーションを作り出すことができれば、組織開発は成功したと考えてよい。したがって、組織開発のねらいは、次の4つとなる。

①問題解決に取り組む組織に変革する。
②組織間の壁を破り、流動的な組織に変革する。
③外部環境の変化に適応した組織に変革する。
④組織内人材の創意とやる気を高める組織に変革する。

組織変革のためには、伸縮自在の弾力的組織に変革を行うことが必要になってきたのである。組織や個人が持っているコンピタンス（能力や技術）に注目し、内在する可能性や活力を引き出すことに注力することである。

そして、個々の人材の能力だけでなく、組織全体の生産性と効率性を向上させる組織開発とマネジメントが重視される時代である。組織全体のコンピテンシー（業績優秀者の行動の様式）の優劣が問われるのである。

56 適切な要員計画を立て、人件費を管理する

適切な要員計画を立てる

要員計画とは事業経営に必要な人材を量的・質的に確保し、配置するための計画である。それは経営計画に連動して策定されるものであり、単年度計画であれば当該年度の事業運営上に必要な人材、長期計画であれば自社の長期的に必要な人材を充足させるために策定・実施される。それでは適正な要員計画を立てるにはどうしたらよいかであるが、こうすべきだといった絶対的な定説があるわけではない。

もしも、生産性に連動して人件費予算があるとすれば、要員計画の策定で定員が決まってしまうということになる。確かに人件費は企業経営の中で、固定費の多くを占め、収益力に大きな影響を与えるが、新規事業やベンチャー企業では人員投入はどうしても先行するし、戦略的なプロジェクトとか、開発には重点的に適材を投入し臨機応変に対処する必要がある。また正規従業員以外に、派遣社員などの外部人材の活用を視野に入れ、人件費の変動費化を進めるのも一方法である。

経営計画と連動させる

一方、要員計画は経営計画との連動、とりわけ人件費予算を考慮に入れる必要がある。人件費原資は限られているが、プラスの原資は投入人材次第で変動するからである。いかに人材を質と量の両面で効果的に配分するかいうことと、固定費化を避けるため、変動要員を業務の繁閑に応じて確保したり、業績比例システムの導入といった弾力性を持つことがポイントになる。

人件費原資の配分を効率化するためには、年功序列型の廃止または比率の引き下げ、企業貢献度に応じた成果主義給与体系、業績配分が賃金政策の主流になるだろう。

要員計画を優秀な人材を確保する決め手にしなければならない。新規採用の人員を算定する目的のほかに、現有人材のローテーション、部門間の人材戦力の調整などに検討を加えなければならない。このように、各部門の人材配置を総合的に分析調整した結果、さらに、必要とする人員が不足する場合に、具体的に採用活動に入るわけである。

労働生産性の向上が最重要課題

成果主義の徹底による賃金格差は誰でも理解できるようになったが、少人数の会社では、その透明性とシステムの整合性が感情問題に発展しかねない。そして限られた人件費財源からの合理的な分配が問題になるわけである。従業員へ人事評価の仕組みと評価結果を情報開示することが、評価結果のフィードバックとともに重要である。その場合でも労働生産性の伸長による原資の確保を最大の関心事、指針にするべきである。

ここでいう労働生産性とは、従業員1人当りの付加価値額を示す指標であり「付加価値÷従業員数」で表される。付加価値とは、「売上高（生産額）－外部購入費用（仕入原価、原材料費、外注費等）」を意味しており、小売、卸販売業では粗利益に近似しているので、1人当りの粗利益を置き換えて考えてよいだろう。

労働分配率（%）＝1人当たりの人件費／付加価値

労働生産性と労働分配率の相互関係は

労働生産性が高くなる＝労働分配率が低くなる

労働生産性が低くなる＝労働分配率が高くなる

労働分配率を上げずに付加価値を高める

人件費を増加させるためには、付加価値を増やすか分配率を高くするかのいずれかになる。しかし、分配率を高くすれば収益が悪化するため、人件費予算策定の基本戦略としては分配率を上げないで付加価値を増やす対策を考えなくてはならない。

人を増やさず生産高を上げる手段として労働装備率の強化（生産設備の増強投資）により生産能力を高めることもできるが、売上の拡大が望めず労働生産性が低くなる場合はリストラも考慮にいれる必要がある。

また、経営幹部や管理職の年俸制や成果報酬制度、自社株譲渡など、一段と業績連動型を徹底する企業が増えているが、その内容は事業部門のROA（総資本利益率）やフリー・キャッシュフローを目標として組み込んだり、対象社員の成果報酬と連動させたりする仕組みの導入などもある。

57 パート社員を戦力化する仕組みをつくる

厚生労働省の調査によると３００人未満の企業で従業員の20％から30％がパート労働者となっている。特に流通サービス業ではパートタイマーが主力の職場は少なくない。

このように、産業構造の転換は急速に進行中であり、新しい分野、産業での起業、新事業創出により、新たな労働需要が喚起され、正規社員だけに労働力を依存することが難しくなった。企業が成長を持続させるには、いまや全業種・業態を問わず、労働力の確保のため、非正規労働者、パートタイマーによる就労を可能にしなければ脱落しかねない。業務の見直しとマニュアル化により部分的な仕事、単純労働の創出を積極的に行い正規社員への業務移行を進めることである。

広い職域をカバーするパート社員の処遇を検討する

従来は、パート労働者（アルバイトを含む）を雇用する企業の主要な理由は①雇用調整が容易である。②正規社員（フルタイム労働者）より人件費が安い。③季節変動による業務繁忙期の調整が可能等が主たるものだった。

企業におけるパート労働者の位置づけでも、自動車、電機、機械工業、食品工業といった第2次産業においては「正社員の補助として採用している」とする企業が多く、高度な知識・技術・技能を特別に必要としないデパート、日用雑貨、外食産業などにおける販売職・作業職の職域では広く「正社員と同等」として、就業時間だけの違いで、その他特別の区別はない企業が少なくない。例えば正社員への登用制度を設けている他、賞与や有給休暇などの制度も導入している。

企業戦力としては、短時間労働者である以外は正社員と変わらない処遇をすることは、パート労働者へのインセンティブも大きく、場合によっては、正規社員以上の貢献度を発揮しているケースもある。

「パートタイム労働法」に沿って人事システムを整備する

したがって、パートタイム労働法（短時間労働者の雇用管理の改善等に関する法律）に沿ったパート活用戦略の導入が好ましい。平成27年施行の改正では、正社員との差別的取扱いが禁止されるパートタイム労働者については、これまで①職務内容が正社員と同一②人材活用の仕組み（人事異動等の有無や範囲）が正社員と同一③無期労働契約を締結しているパートタイム労働者であることとされてきたが、改正後は、①、②に該当すれば、有期労働契約を締結しているパートタイム労働者も正社員との差別的取扱いが禁止されることになった。

このように、身分制度的な雇用区分の認識を見直し、「社員とパートタイマーの格差をなくす」考えが戦力化への第一歩となるだろう。だからといって、パートタイマーの戦力化は、すぐには実現できない。具体的には「資格体系」「評価体系」「報酬体系」といった「人事システム」の整備が必要であり、戦力化のためのインフラづくりが重要になるのである。

人事システム整備のポイント

①社員を勤務形態（フルタイムからパートタイム）と働き方（職種転換・転勤の可否）の2つの条件で整理し、労働者が働き方を選べる仕組みが必要である。

②資格体系を整備し、単純にパートタイマーを正社員にするのではなく、待遇改善も合わせ、中長期的に正社員登用制度を導入する。（結婚・出産等で退職するしかなかった社員の継続雇用も可能にするなど）

③人事評価制度を整備し、評価基準を設定する。営業職であれば、具体的には「接客レベル」「商品知識」「売場管理」といった作業ごとに仕事のレベルをマニュアル化して、達成レベルごとに基準を設けることである。

つまり、企業はパート社員に期待レベルの業務を遂行してもらうためには、何を、いつ、どのように、どの順番で、いつまでに遂行するかという仕事の手順がマニュアル化されていることが望ましい。その「業務マニュアル」が財産になる。

まとめとして、戦力化の仕組みづくりにあたっては、①②③を実態に即して作成し、人事システムの整備を着実に行うマネジメントこそが最も重要といえる。

58 年俸制の導入を検討する

最近、規模の大小には関係なく、年俸制を採用する企業が増えており、中小企業でも幹部だけではなく、一般社員にも年俸制を採用する企業が漸増している。年俸制は、最低支給額が年初に決まるため、1年間の資金計画が立てやすいというメリットがあるためである。

年俸制とは、賃金額を日額や月額で決定するのではなく、1年当たりで決定する形態をいう。賃金の額は1年当たりで決定されるが、実際には労働基準法二四条二項により「賃金は毎月1回以上一定期日を定めて支払わなければならない」とされているため、年俸額を1か月単位で分割された額が毎月支払われるのが通常である。年俸制だからといって、1年間の給料をまとめてもらえるわけではない。

一般的に、年俸制を採用している会社には、年俸額の中に賞与相当分を割り当てて金額を決定するところが多い。その場合は、別途賞与が支給されることはない。（ただし、賞与は別途支給と決められていれば、年俸制でも賞与は別途支給される場合もある。）

年俸制には年度ごとに成果に基づいて更新する年間契約に近い欧米型と、従来の年功色を残しながら成果主義にウエイトをかけた日本型がある。そもそも年俸制は会社側の経営と従業員の収入安定化を前提にした成果主義に基づく制度である。

したがって、年功序列の年俸制導入や単に減俸のための方便で導入すれば、失敗は目に見えている。年俸制導入には、人事評価制度が成果主義に傾いているのか、従来の年功主義に依然重きを置いているのか、どちらに重点をおいているのかと密接な関係がある。

年俸制導入の要点

中小企業やベンチャー企業で、この制度の実効性をあげるポイントをあげてみよう。
①業績が安定した時、上昇時に導入する。
②経営トップから業績中心の評価システムを定着させる。
③成果主義中心の適正な人事考課を実施する。
④目標管理制度と連動させる。
⑤賃上げの際、年俸制を合わせて導入
１００％成果主義の年俸制が本来の理想であるが、上記の①～⑤の実行段階でのステップで導入が可能になる。

年俸制の評価において適正な業績考課が行われ、目標管理制度や成果主義を徹底すれば、予算の達成度が基準になるので業績管理システムにもプラスになる。

また、年俸は、前年度の業績の評価やスキルなどに基づき、社員と上司との間の話し合いや交渉によって決定されるのが一般的である。

また、多くは仕事の成果が年俸額に反映されるわけであるから、仕事へのモチベーションがあがる。年齢や在籍年数にしばられずに仕事の成果で収入が決まるので、特に若い人にとってはこのメリットが大きいといえよう。

公正な手続きを制度化する必要がある

しかし、会社による年俸評価には、目標の設定とその評価に関する公正な手続きおよび苦情処理の手続きとともに就業規則で制度化されている必要がある。

中には、時間管理を要せず、割増賃金の支払も要しない賃金形態として年俸制を理解し、労働基準法に反する違法な運用となっているものが多いようである。

また、年俸制でも残業代は支払われる。いわゆる残業代（時間外労働、休日労働および深夜労働に対する賃金）を含む年俸額の設定は可能である。ただし、年俸額のうち時間外勤務手当部分が区分され、その額が明確になっている必要がある。例えば、「1カ月あたり25時間分相当の時間外勤務手当150万円を年俸に含む」などの明示がなされていることが必要である。賞与の取扱いについては、年俸額の16分の1等を毎月支払い、残額を賞与という形で支払う場合が多く見受けられる。

厚生年金の保険料は、報酬標準月額や報酬賞与額で決まっている。この標準報酬月額、標準賞与額は、実際に支払われた給料や賞与を、その金額で何区分かに分けて、その等級によって保険料が決定する。給与形態が年俸制の職種で働く場合、会社からの期待やモチベーションの管理などの観点から、目標管理を徹底し、よりプロフェッショナルとしての意識、そして成果が求められるといえる。

59 働きがいのあるワークスタイルを導入する

「人材育成」は企業の普遍的なテーマであるが、本来正当に評価するはずの成果主義が、目先の成績を気にして視野を狭くしたり、仕事のノウハウを共有しあう風土を弱めるなどの弊害も生じている。また従業員が、社員の産休、育児、生活環境の変化によってこれまでの勤務形態を続けられないなど深刻なケースもある。

一方、スマホ、パソコン端末などテクノロジーの進化、およびIoT、クラウドサービスの進展に伴い、社内外コミュニケーション、協同作業のあり方だけでなく、在宅勤務やフレックス制の導入など人事労務制度を含めた見直しが求められている。

このような環境の変化から、企業側でも事務、企画、営業等のホワイトカラーの業務を包含したワークスタイル変革に取り組み始めている。働き方の自由度を高めることで現場の力を引き出し、生産性の向上やイノベーションの創出、ワークライフバランスの実現による従業員満足度向上などにつながると期待されているのである。

ワークスタイル革新のインフラをＩＣＴが整備

このワークスタイルの革新、イノベーションで重要な役割を担うのがＩＣＴ（情報通信技術）である。このインフラ整備によって日々更新・蓄積されていく膨大な情報とデータベースに、いつどこにいても瞬時にアクセスできるようになった。会社にいなくても情報収集や資料作成が行えるし、離れた場所にいる人とのコミュニケーションも問題がなくなった。こうした技術革新のおかげで、どこにいても「働く場」「職場」にすることができるようになったのである。まさにワークスタイル変革の機は熟したといえるだろう。

そして、能力を活かしやすい職場とは、まず個人としての従業員がイキイキと働けるオフィスである。企業がワークスタイル変革を推進することは、チャレンジ志向やモチベーションの高い優秀な人材を獲得するための必要条件であり、企業の人材戦略として重要性を増した。このように、人材を最大限に活かす職場環境のキーワードが「ワークスタイル革新」である。直行直帰や自宅作業によって仕事量を減らさずに自分の時間を確保できる働き方を実現できる。しかし、確かに残業や出張のような物理的負担を削減することも大事であるが、そのために社員に新たな負担が生じてはなにもならない。在宅作業が支援となるか負担となるかは、仕事の成果と関連して評価が分かれるところである。

「ワークスタイル革新」の5つの留意点

「ワークスタイル革新」の5つの留意点を挙げておこう。

第1に長年培ってきた自社の文化や組織活動に適合するかステップ単位で見直しを行う

ことである。例えば、複数の社員がその力を合わせる業務やプロジェクトを進めやすい環境作りが欠かせない。資料や進捗状況などの情報やデータが一元管理され安全に共有できたり、必要に応じてすぐにミーティングが実施できるようにするなどである。

第2に何を「成果」「目標」とするか決めておくことである。また、プロセスで成果が見えるようにプロジェクトを進める必要がある。

第3にハード面の整備と人材教育を並行することである。クラウド環境、無線ＬＡＮの利用、ＩｏＴとコミュニケーション、Ｗｅｂ会議・テレビ会議システムなどである。一度にすべてを導入する必要はなく、できるところから段階的に進めるべきだろう。

第4に社内組織の総務・人事・経理・情報システム、また営業部門、生産部門といった複数の関連部局の理解・協力が必要であり、事前調整とプロセス管理を怠らないことである。第5に、社内に「ワークスタイル革新」プロジェクトの進め方を理解し、プロジェクトをリードするゼネラルマネジャーを置くことである。

今までのワークスタイル変革は、社内各部署が個別施策をバラバラに実施していることが多かった。しかし、これからのワークスタイル変革は、目指す成果と「ワークスタイル」を定め、全体のインフラづくりとそれに合わせた教育を実施し、段階的に実施、導入していくことが成功の鍵である。

60 危機感を共有し、イノベーションに挑戦する

「51．強いリーダシップで組織を活性化させる」で述べたが、組織に活力を持たせるには、経営トップがイニシアチブをとり、強力なリーダーシップを発揮するイノベーター（革新者）であることが望まれる。

経営改善計画を策定するときも、トップの陣頭指揮のもとで社員の一致した協力、会社（組織）挙げての盛り上がりが欠かせない。

改善、変革のための対応方法は「**ソリューションを引き出す**」ことに焦点を置くことである。業務の変革、改善をすすめていく上で、意識や行動をいかに変えていくかが極めて重要なプロセスであり、会社全体の能力や機能を最大限に発揮させて、計画的に進めることである。そして社員の能力を高め、変革へのモチベーションを作り出すことができれば、成功したと考えてよい。

イノベーションを進めるには現状に満足せずに、会社組織内に「危機感」を作り出すことが起爆点になる。社員の行動はこの危機感から始めなくてはならない。そして、どのような改善と変革が必要かの方針を決め、会社の将来の姿を明示することである。

できればコンピテンシーとしての個人の行動までおろして、実践モデルを示して徹底す

ることである。

このようにねばり強く、会社組織の変革とソリューションに取り組み、イノベーションを着実に進めることである。

経営トップに問われる要件

①トップが率先して、経営改革を進める

自らがリーダーとして、企業理念をもってリーダーシップを発揮して、顧客に支持されるよう外部環境を確実に捉え、内部経営資源の投入、組み合わせを誤らない。

②戦略志向で重要課題を抽出する

イノベーション、戦略課題を明確にし、弱点の補完、強化ポイントを絞り、選択と集中の手法で効果的に資源を集中して投入する。

③迅速な意思決定、スピード感のある実行

経営活動の各分野にわたり、トップ主導で組織や体制を柔軟にし、意思決定のスピードを高める。

④個人の能力を活かした人材育成と指導者、後継者の養成

個人の才能を引き出し、創造性豊かな人材の育成と能力開発を重視し、公正な評価と処遇を行う。また、組織挙げての改善、実行には、会社の組織能力向上をめざす。

会社変革のポイント

次の3点が改善のポイントである。

①問題解決力に取り組む会社に変革する

結果で判断しようとせず、情報技術を駆使して、常にプロセスで問題点を発見し、手順や業務を組立て直すことが重要である。

社員全員がモノや業務の流れ、社内の手順など、業務を理解し、情報を共有し、複数の業務を処理したり、判断するのに必要な情報をデータベース化し、共有化する。

②組織間の壁を破り、フレキシブルな組織で対応する

トップが現場主義で先頭をきって、環境変化にフレキシブルな組織で対応することである。報連相（報告・連絡・相談）を徹底し、会議時間を少なくする。

③人材育成により創意とやる気を高める会社に変革する

個人が持っているコンピタンスに注目し、内在する可能性や活力を引き出すアプローチを強力にすすめる。

イノベーションを成功させるポイントは技術、製品開発、新市場、新資源や経営手法、組織など、変わるものと変わらないものを明確に区分したうえで、強い組織文化に再構築し、全社員が新しい価値観を共有した上で、経営行動につなげることである。

あとがき

経営改善の成果をあげるには、自社の経営の見直しによるソリューション（課題解決）の推進にあることは言を俟たない。ヒト・モノ・カネ、情報の経営資源を棚卸しして自社の強みと弱みの両方をしっかりと認識し、課題を明確にすることである。決算書に表れない技術水準、優秀な人材、知的財産、優良な販売先、仕入先など将来の成長を十分予測できる、つまり中長期的な視点を持った「事業性評価」が重要である。

平成29年5月に始まった経営改善（早期経営改善計画の策定）は中小企業庁の後押しもあり、資金繰り管理や採算管理など基本的な経営改善計画を作成し、早期の経営改善に取り組みたい中小企業・小規模事業者を支援する国の事業として大いに期待できる。税理士などの専門家（認定支援機関）が、経営改善計画の作成を支援し、計画策定から1年間フォローアップする。

この企業と税理士など専門家、金融機関の三者連携、協働化は企業の経営改善成果につなげる大きなチャンスである。計画策定作業を通じて、前述の弱点の補完、企業の状況を、計数面と非計数面の両方から把握することにより、改善箇所を客観的に知ることができる。さらに新規事業を含む今後の事業展開に際し、経営改善計画に盛り込むことで互いに目標を共有し、信頼関係が高まる。企業の過去、現在、そして将来の見通しを捉えてこそ、初めて企業の進むべき方向性が確認できるのである。

本書の60のヒントから自社でやれることから着手するといった、気軽に取り組むのも一つの方法であるが、実現可能性ばかりでなく実効性を重視すべきだろう。

企業にとって、資金繰りなど、当面の問題を優先するのも当然であるが、一度立ち止まって考えることも必要であり、冷静に現状を見直し、これから先の経営を考えることも大切なことである。そして、思い切って経営の舵取りを転換する場合もある。一つのヒントが行動の発火点になり、飛躍の転機になることもあるだろう。

また才腕のある事業家ほど、変化、革新を興すべき時に行動を起こしている。それが企業内組織に危機感を与え、良性の組織DNAとなって、企業のイノベーションに連動する。ソリューションによる「活力を生む経営」の実現は、組織活性化によるイノベーションによって可能になる。やはり確信できる改善シナリオを自分のものとして、信念をもって実行することである。

本書の編集にあたっては、永田会計事務所の実弟・永田智彦税理士から資料提供など多大な支援を受けた。また発刊にあたってはTKC出版の石野清専務取締役の適切な助言と阿部浩編集課長のお骨折りをいただいた。併せて心から感謝の意を表したい。

索引　【INDEX】

＜あ・ア行＞

＜か・カ行＞

＜さ・サ行＞

＜た・タ行＞

■著者紹介

志村 和次郎（しむら かずじろう）

経営コンサルタント
群馬県に生まれる。同志社大学法学部卒業。大手自動車メーカーの管理職、子会社役員を歴任。経営コンサルタント（中小企業診断士）として独立。中小企業大学校の講師、IT企業、ベンチャー企業の社長、役員を経て、起業支援団体・ニュービジネスブレイン機構の代表理事。永田会計事務所顧問。

著書は『最新事業戦略と事業計画の立て方がよくわかる本』（秀和システム）『マーケティング数字の読み方と活用術』（同友館）『売掛債権資金化の新型資金調達法』『シニア起業の成功術』（中央経済社）『ヤマハの企業文化とCSR』（産経新聞出版）『創造と変化に挑んだ６人の創業者』（日刊工業新聞社）『絹の国を創った人々』（上毛新聞社）『先駆者の光と影・人生の転機』（大学教育出版）『富豪への道と美術コレクション』（ゆまに書房）など。

活力を生む経営60のヒント　経営改善の勘どころ

2017年11月25日　第1版第1刷発行　　定価（本体1,800円＋税）

著　者　志村和次郎
発行所　株式会社ＴＫＣ出版
〒102-0074 東京都千代田区九段南4-8-8
日本YWCA会館4F　TEL03(3239)0068
印刷・製本　株式会社デイ・エム・ピー
装　丁　株式会社ぺぺ工房

ISBN 978-4-905467-41-0 C2034